S'organiser au travail

et alléger sa charge mentale

pour les nuls

Laurence Bourgeois

S'organiser au travail et alléger sa charge mentale pour les nuls

FIRST ÉDITIONS

S'organiser au travail et alléger sa charge mentale pour les Nuls

ISBN : 978-2-412-05938-8
Dépôt légal : août 2020

Correction : Anne-Lise Martin
Index : Céline Dutt
Mise en page et couverture : KN Conception
Schémas : Fabrice Del Rio Ruiz
Dessins d'ouvertures de chapitres : Stéphane Martinez

Imprimé en France par Laballery en août 2022 - 208007

Éditions First, un département d'Édi8
92, avenue de France
75013 Paris – France
Tél. : 01 44 16 09 00
Fax : 01 44 16 09 01
E-mail : firstinfo@efirst.com
Site Internet : www.pourlesnuls.fr

Dédicace

Ce livre est dédié :

À toutes celles et ceux pour qui chaque jour semble relever de l'exploit, tant ils ont l'impression d'accomplir l'impossible et de travailler sur une multitude de dossiers à la fois ;

À toutes celles et ceux qui crient haut et fort leur ras-le-bol sans oser demander le support de quiconque pour sortir la tête de l'eau (cela pourrait être perçu comme un aveu de faiblesse...) ;

À toutes celles et ceux qui rêvent de mettre la pédale douce, mais continuent d'appuyer sur l'accélérateur (leur évaluation de fin d'année en dépend...) ;

À toutes celles et ceux qui tirent chaque jour sur la corde, mais refusent de tirer la sonnette d'alarme (cela ferait mauvais genre...) ;

À toutes celles et ceux dont l'esprit menace de devenir vide à force d'être plein ;

À toutes celles et ceux qui ne parviennent pas à dégager de temps pour la personne la plus importante sur Terre, au travail comme dans la vie de tous les jours : eux-mêmes !

Ce livre s'adresse donc à toutes celles et ceux qui ont l'impression d'être débordés.

Remerciements

Un grand merci à Rosita, l'héroïne de mon premier livre sur la charge mentale, sans qui je n'aurais sans doute pas pu confronter mon expérience avec celle de toutes les personnes auprès desquelles je suis intervenue lors de conférences autour de mon ouvrage. Je remercie toutes ces personnes pour les échanges constructifs lors d'ateliers et de débats sur le sujet. Grâce à elles, j'ai mesuré toute l'importance d'explorer les thèmes de l'organisation et de la charge mentale au travail.

Il n'y avait plus à hésiter, il fallait faire profiter le plus grand nombre de tous les petits conseils, astuces et méthodes permettant, une bonne fois pour toutes, de se simplifier le quotidien.

C'est comme cela qu'est né, très naturellement et avec l'aide précieuse de Marion Bolingue, le livre que vous tenez entre les mains...

À propos de l'auteur

Depuis une vingtaine d'années, Laurence Bourgeois travaille au sein de directions des ressources humaines de différentes entreprises. Ses fonctions la placent au cœur des évolutions et des problématiques qui touchent les organisations. Elle intervient notamment sur des projets liés à l'engagement et au bien-être au travail.

Depuis 2019, elle anime également des conférences et ateliers en entreprise et dans les salons de reconversion professionnelle, sur des thématiques en lien direct avec le plaisir et la performance. Une conviction l'anime : plus encore que la reconnaissance conférée aux hommes et aux femmes qui constituent le cœur de l'organisation, la performance durable est indissociable du plaisir qu'ils tirent de leur activité professionnelle. Sa conviction ? C'est le plaisir qui génère la performance durable... et non l'inverse !

Elle proposera prochainement une offre complémentaire de coaching individuel ou collectif, afin d'accompagner les collaborateurs dans leur souhait de développement.

Sommaire

Partie 3 : Faire rimer organisation avec anticipation et planification

Introduction

Même les plus créatifs d'entre nous ne sauraient se complaire dans le chaos. Même les plus agiles, les plus actifs, ne pourraient constamment vivre à cent à l'heure. Même les plus organisés admettent qu'ils se laissent parfois déborder.

La petite dose de ce quelque chose indispensable à tous, sans laquelle ni l'efficacité ni la sérénité ne sont au rendez-vous ? L'organisation !

Là où le bât blesse, c'est que l'organisation n'est pas une matière que l'on apprend à l'école. Selon notre profil de personnalité, nos schémas parentaux ou encore l'enseignement que nous avons reçu, nous arrivons à être, par « nature », plus ou moins organisés. Finalement, nous nous retrouvons sur le marché du travail, puis plus tard dans notre carrière professionnelle, avec des bases souvent défaillantes quand il s'agit de prioriser, de planifier ou d'utiliser des astuces pour gagner du temps, pour sortir (enfin) la tête de l'eau et pour penser (aussi) à soi.

Dans les différentes fonctions ressources humaines que j'ai occupées, qu'ils ont été nombreux les collaborateurs que j'ai côtoyés à porter sur leurs épaules un sac à dos rempli à craquer ! Ce qu'on trouve généralement dans ce sac ? Impossible de le définir avec exactitude. En réalité, il s'agit d'un magma de problématiques à la fois d'ordre professionnel et personnel. Avec un tel poids sur le dos, comment gravir des montagnes d'objectifs toujours plus difficiles à atteindre ? Comment retrouver un certain équilibre ? À ces managers, à ces collaborateurs, je fais part de ma conviction selon laquelle toute optimisation ne passe certainement pas par des efforts de plus en plus intenses à fournir pour pouvoir continuer d'avancer avec leur sac sur les épaules, mais bien par la réduction et l'organisation des affaires dans leur baluchon.

Savoir s'organiser, souffler et se recentrer, tel est le trio gagnant pour continuer d'aller sereinement de l'avant et alléger la charge mentale, ce mal du XXIe siècle qui touche de plein fouet les hommes et (surtout) les femmes, aussi bien dans leur vie personnelle que professionnelle.

Ce triptyque gagnant repose lui-même sur trois piliers clés indispensables à intégrer et à travailler au quotidien, sous peine de voir vos efforts tomber à l'eau :

» **Tout d'abord, qui dit organisation dit direction**. En effet, chercher à s'organiser au travail sans avoir au préalable défini son ambition et ses objectifs de long terme ne sert à rien. Loin d'être une fin en soi, l'organisation constitue un moyen de répondre à ses aspirations profondes. Quelles sont les vôtres ?

» **Ensuite, qui dit organisation dit responsabilisation**. Quand on décide de s'organiser pour réussir à sortir la tête de l'eau et pouvoir (enfin) consacrer davantage de temps à ce qui nous tient à cœur, on décide *de facto* de reprendre la main. Sur nous-mêmes, mais aussi sur notre environnement. N'avez-vous pas l'impression que, trop souvent, d'autres tirent les ficelles à votre place ?

» **Enfin, qui dit organisation dit énergie**. Quand on est sous la vague, impossible de reprendre le dessus sans une bonne dose d'énergie et de détermination au quotidien. Aujourd'hui, quel est le niveau de vos batteries ? Sont-elles suffisamment rechargées pour vous atteler à la tâche ?

À propos de ce livre

S'organiser au travail pour les Nuls n'est pas une collection d'outils qui fera de vous une machine de guerre, un monstre froid de l'organisation, un roi (ou une reine) de la planification, un individu dont la vie finira par être parfaitement orchestrée, réglée au dixième de millimètre près. Une vie hermétique à toute fantaisie, à toute sortie de route. Non, cela serait bien trop triste.

L'ouvrage que vous tenez entre les mains vous permettra, je l'espère, ceci :

» Faire le point sur votre charge mentale au travail : êtes-vous sous la vague ?

» Trouver les formes d'organisation qui vous correspondent : à chacun sa méthode, le tout étant de parvenir à une situation convenable et confortable pour vous-même et pour ceux qui vous entourent.

» Améliorer votre concentration et votre efficacité, grâce à des principes très simples.

» Réduire votre niveau de stress et accroître votre bien-être au travail.

» Vous orienter vers une performance sereine.

» Cultiver de nouvelles (et de meilleures) habitudes.

Comment ce livre est organisé

À travers les pages qui vont suivre, mon objectif consiste donc avant tout à vous aider à vous replacer, en tant qu'individu, au cœur de vos priorités. Ce repositionnement commence d'abord par une prise de conscience : reconnaître vos besoins propres, en tant qu'acteur évoluant au sein d'une organisation. Besoins qui sont tout aussi importants et légitimes que ceux de votre chef, de vos clients, de vos collègues... Après la phase de prise de conscience arrivera (du moins, je le souhaite !) celle de l'action : une action résolument tournée vers davantage d'organisation au quotidien, afin de vous rendre à nouveau disponible pour vous-même, et pour ce qui continue de nourrir vos passions.

Première partie : S'organiser pour « décharger son mental » au travail

Elle est consacrée à la manière d'alléger au mieux la charge mentale, grâce à quelques clés en matière d'organisation. Que recouvre exactement la notion de charge mentale dont on parle tant ? Comment la détecter en milieu professionnel ? Quelles armes utiliser pour la neutraliser ? Et, aussi, par quels moyens parvenir à canaliser et évacuer la masse d'informations qui nous assaille au quotidien ?

Deuxième partie : Viser l'efficacité et la productivité (mais pas la production !)

Cette deuxième partie est centrée sur l'efficacité professionnelle. Comment, avec une petite mise de départ en termes d'énergie et d'effort, parvenir à générer des résultats à la hauteur, voire meilleurs que les objectifs que vous vous êtes fixés ? Doit-on absolument sortir de sa zone de confort pour progresser ? Quelles sont les clés d'une bonne décision ? Enfin, comment gérer au mieux vos interactions au travail, en adoptant un mode de communication basé sur l'efficacité relationnelle ?

Troisième partie : Faire rimer organisation avec anticipation et planification

Cette partie est consacrée à l'anticipation et à la planification, maîtres mots d'une vie au travail bien organisée. Sans anticipation, comment réussir à mettre un peu d'ordre dans le désordre ? Et si, pour faire face aux imprévus et retomber sur nos pattes en période de changement, nous adoptions le réflexe « plan B » ? Et si nous reprenions le contrôle sur notre entourage et notre environnement ? Comment réussir à planifier au mieux, même dans les périodes les plus incertaines ? Enfin, comment stopper ce fléau mobilisateur d'énergie qu'est la procrastination ?

Quatrième partie : Simplifier son quotidien : une question d'état d'esprit… et de management

Dans cette partie, nous aborderons des éléments davantage orientés vers les techniques de développement personnel, car une journée bien organisée, un cocon professionnel où règnent bienveillance et bien-être, une énergie durable au travail, c'est avant tout une question… d'état d'esprit. Dans cette partie, plusieurs chapitres sont consacrés aux managers, partant du principe que lorsque l'on occupe des responsabilités managériales, charge mentale bien régulée (ou journée de travail bien organisée) commence déjà… par soi-même !

Cinquième partie : La partie des Dix

Cette partie, célèbre dans la collection, n'est plus à commenter. Je vous laisserai la découvrir à la fin de l'ouvrage.

Les icônes utilisées dans ce livre

La lutte contre le surmenage au travail n'est pas un combat facile à gagner. Afin de vous aider à amorcer le changement, je vous propose quelques repères. Ainsi, tout au long de votre lecture, vous aller rencontrer plusieurs symboles qui jalonnent les chapitres et contribuent à éclairer votre parcours. Retenez-les !

Le saviez-vous ?

Ce point d'interrogation signale un point méconnu ou original qui mérite un détour.

À retenir

Suivez cet index, qui vous signale les points à retenir absolument.

Questionnaire

À la vue de ce dessin, vous saurez ce qui vous attend : répondre aux questions posées, en prenant un crayon pour noter ce qui vous vient à l'esprit !

Trucs et astuces

Cette icône vous annoncera des recettes, trucs, astuces en tous genres pour vous simplifier la vie au quotidien.

Exercice

Ce dessin vous indique un exercice à faire, histoire de vous mettre en jambes !

Exemple

À côté de ce pictogramme, vous trouverez des exemples, pour vous permettre d'appréhender de façon concrète les concepts développés dans cet ouvrage.

Excellente lecture !

Partie 1
S'organiser pour « décharger son mental » au travail

Dans cette partie...

Nous aborderons un phénomène qui, loin d'être nouveau, revient toutefois en force sur le devant de la scène : la charge mentale. Que recouvre cette notion dont on entend aujourd'hui tant parler ? Quels en sont les symptômes ?
Nous verrons que pour guérir du syndrome de la charge mentale, le principe de réduction est essentiel. Comment ne plus s'encombrer des détails du quotidien au travail ?
Comment réussir à prioriser et à simplifier ?
Un chapitre sera notamment consacré à la fixation des objectifs, ceux que vous vous fixez, mais aussi ceux qui vous sont imposés : comment rester maître du jeu en toutes circonstances ?
Pour finir, nous nous attarderons sur un fléau du XXIe siècle : « l'infobésité », c'est-à-dire le trop-plein d'informations. Par quels moyens réguler la surcharge de sollicitations qui nous assaille tous les jours ? Vaste projet, auquel nous allons nous atteler sans plus attendre !

DANS CE CHAPITRE

Comprendre la charge mentale

•

Apprendre à poser le bon diagnostic

•

Anticiper le burn-out

Chapitre 1

Alléger son mental, une question vitale

Lors de mes ateliers ou conférences, une fois introduite la notion de charge mentale et d'organisation au travail, tous les participants s'expriment à l'unisson quand il s'agit de décrire les manifestations des situations de surmenage qu'ils vivent dans leur environnement professionnel. Puis arrive inévitablement le moment des objections : les fameux « oui, mais... ». « Oui, mais tout est prioritaire, on ne peut pas y arriver », « Oui, mais on nous demande tout et son contraire dans la même journée », « Oui, mais on ne peut pas dire non », « Oui, mais on n'a pas le temps de s'organiser ! » Etc.

Ces personnes pourraient sans doute regarder les choses différemment, en se disant qu'elles ont, elles aussi, leur part de responsabilité dans l'affaire. Et si elles reconnaissaient que la meilleure arme anti-surmenage, c'était elles ?

La charge mentale, ça vous parle ?

Tour à tour appelée « surmenage », « charge cognitive » ou encore « surchauffe cérébrale », la notion ne date pas d'aujourd'hui.

La charge mentale en quatre points

» Introduit dans les années 1980* auprès du grand public, le concept de charge mentale fait référence à la charge psychique que représente la gestion du foyer cumulée aux autres activités quotidiennes.

» En 1990, la sociologue Danièle Kergoat l'analyse à travers le cas des infirmières et leur combat pour faire reconnaître leur activité professionnelle.

» Plus récemment, la charge mentale a été reprise par la dessinatrice Emma, dans la bande dessinée *Fallait demander***.

» Elle a fait l'objet de plusieurs ouvrages ces dernières années.

* M. Haicault, « La gestion ordinaire de la vie en deux », *Sociologie du travail*, vol. 26, n° 3, juillet-août-septembre 1984.

** Emma, *Fallait demander*, Massot Éditions, 2017.

De façon très concrète, la charge mentale, c'est :

» la coexistence de plusieurs univers qui empiètent l'un sur l'autre : travailler sur un sujet tout en ayant autre chose en tête, par exemple ;

» le sentiment de devoir penser à tout, tout le temps, et pour tout le monde ;

» la sensation d'être sur tous les fronts, sans jamais réussir à débrancher ;

» l'impression d'ouvrir une multitude de dossiers sans pouvoir les refermer correctement ;

» la sensation d'avoir le cerveau en perpétuelle ébullition, de se noyer dans l'action, tout en ayant le sentiment de ne pas y arriver.

Alors, la charge mentale, cela vous parle ?

Sous la vague ?

La charge mentale est un phénomène insidieux qui n'apparaît pas du jour au lendemain. Il mûrit depuis des mois, parfois des années, jusqu'à atteindre un beau jour le sommet de la vague, que je vous propose d'appeler point de *too much*.

À retenir

Le point de *too much* correspond à une rupture. Représenté par une étoile sur la courbe ci-dessous, ce point est atteint quand « trop, c'est trop ».

Figure 1-1

Point de *too much*

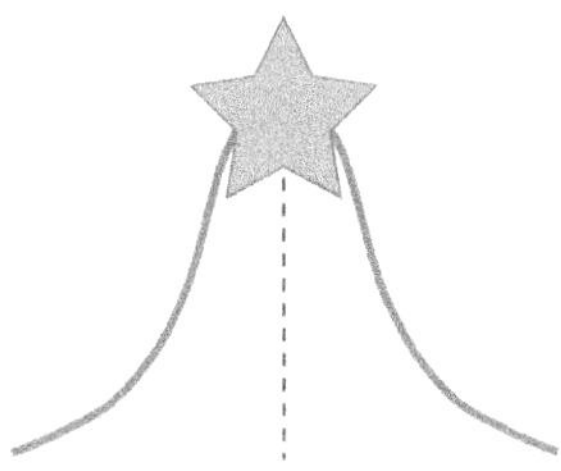

Arrivé au point de *too much*, vous êtes clairement sur le point de basculer vers la pente descendante.

Questionnaire

Savez-vous à quel stade vous vous situez actuellement ?

Stade 1 : Vous êtes tranquillement en train de surfer sur les flots, le sourire aux lèvres. Rien ne semble vous atteindre, vous maîtrisez toutes les situations.

» Si oui, qu'est-ce qui vous incite à le penser ?

____

____

____

» Si non, sautez (au moins) un stade.

Stade 2 : Vous glissez déjà dans le rouleau, avec au ventre la désagréable impression d'être sur le fil du rasoir, si bien que tout peut basculer d'un moment à l'autre (vers la pente descendante). Vous vous énervez pour un rien et chaque tâche supplémentaire vous semble relever de l'impossible.

» **Si oui, il n'est pas encore trop tard pour agir, mais il s'agit de vous prendre en main très rapidement !**

» **Si non, c'est sans doute que vous êtes déjà au stade 3.**

Stade 3 : Vous avez atteint le point de non-retour et avez déjà commencé à couler.

» **Un arrêt sur image, une prise de conscience, du repos et de bons soutiens vont vous aider à ressortir la tête de l'eau.**

Nombreuses sont aujourd'hui les entreprises à mettre les bouchées doubles pour instaurer des mesures favorisant le bien-être au travail.

Les accords sur la qualité de vie au travail (QVT), devenus obligatoires (sous peine d'engendrer des sanctions pénales pour l'employeur), les chartes sur le télétravail ou le droit à la déconnexion pullulent.

Sans compter les tables de ping-pong, les baby-foot, les formations à la méditation et à la gestion des priorités, les espaces détente, et j'en passe...

Si les employeurs sont aujourd'hui si soucieux de mettre en œuvre des mesures permettant d'accroître le bien-être de leurs collaborateurs, c'est surtout parce qu'ils dressent un constat sans équivoque : des salariés qui se sentent bien travaillent bien. Avait-on un doute sur le sujet ?

Charge de travail ou charge mentale ?

Quand la charge de travail augmente, la charge mentale menace de s'installer ou de s'accentuer. Pour autant, il ne faut pas confondre charge de travail et charge mentale. Ce sont deux choses différentes.

Établir un lien direct et immédiat entre les deux notions serait profondément réducteur. En effet, ce n'est pas parce que nous avons beaucoup de choses à faire que nous sommes forcément surmenés. Selon le psychologue du travail Tony Crabbe : « Vous êtes débordé parce que vous n'avez pas su faire de choix cornéliens et affirmer votre volonté[1]. » Il est vrai que l'absence de décision constitue une des raisons du débordement, sur laquelle nous reviendrons dans le chapitre 18.

La charge mentale représente une notion plus complexe que la simple quantité de travail qui nous tombe dessus chaque jour et que nous parvenons bon an mal an à canaliser grâce à une bonne gestion de nos priorités (et, donc, aux choix que nous opérons).

À retenir

La charge mentale, c'est l'association de :

» **la quantité de travail effective ;**

» **le délai imparti pour réaliser le travail demandé ;**

» **la façon dont chacun répond à la charge imposée.**

De ces trois dimensions constitutives de la charge mentale, la troisième est certainement la plus déterminante. En effet, nous ne réagissons pas tous de la même façon à une même quantité de travail ou d'informations reçues. Le même phénomène se produit lorsque vous exposez deux personnes au même bruit : l'une ne fera aucun cas des décibels, tandis que l'autre jugera le vacarme insupportable.

Détecter la charge mentale… avant qu'il ne soit trop tard

Dans le monde de l'instantané, de la vitesse, et des applis, détecter la charge mentale paraît parfois relever du défi. Ceci pour la bonne raison que lorsque nous sommes pris dans l'engrenage infernal du surmenage, nous ne prenons pas le temps de nous arrêter. La suractivité devient notre nouvelle norme, renforcée par les

1 T. Crabbe, *Plus jamais débordé !* Ixelles Éditions, 2014, p. 79

standards sociaux qui veulent que tout aille vite et que nous zappions de tâche en tâche.

Mais même si le diagnostic est loin d'être aisé, il est de la responsabilité des organisations et de leurs managers non seulement d'évaluer la charge de travail, de la répartir au mieux, mais aussi de veiller aux bonnes conditions de travail de leurs collaborateurs.

Poser le diagnostic

Trois raisons principales expliquent la difficulté de poser le nom de « charge mentale » sur le phénomène de surchauffe qu'expriment plus ou moins ouvertement les collaborateurs.

Le premier responsable ? Le stress. Composante indissociable de la surchauffe cérébrale, le stress est aujourd'hui sur toutes les lèvres. On vit stressé, on travaille stressé, on s'endort et on se réveille stressé. Cet état de tension permanente paraît conditionner notre existence ! Comme si le fait d'avoir une *to-do list* noircie, un agenda de ministre, d'être convié à toutes les réunions possibles et imaginables, était une condition *sine qua non* de notre réussite. Le simple fait de s'accorder le droit d'en faire moins, ou de faire différemment, semble rimer avec médiocrité, voire avec échec.

À retenir

En soi, le stress n'est pas forcément mauvais. Il renferme en effet une fonction biologique qui nous prépare à l'action. Il peut même être considéré comme un véritable « *booster* » de performance. Mais dès lors que nous nous entêtons à entretenir un haut niveau de stress au long cours, fonçant en permanence tête baissée pour réussir coûte que coûte à boucler tous nos dossiers, les premiers symptômes du débordement apparaissent et, avec eux, le burn-out commence à pointer le bout de son nez.

Ensuite, la notion de charge mentale recouvre de grandes variabilités individuelles. Notre façon d'accepter la nouveauté, d'intégrer de nouvelles compétences, notre manière d'apprécier la charge de travail et de savoir la gérer, par exemple, n'appartient qu'à nous.

On comprend donc que cette sensibilité individuelle rende complexe la détection de la charge cognitive par les managers.

Enfin, la charge mentale est un phénomène insidieux : on puise d'abord dans des réserves énergétiques, on néglige ses postures, on absorbe toujours plus, on rallonge ses horaires de travail, on rogne sur sa bonne humeur, avant d'arriver à une saturation telle que l'entourage professionnel s'aperçoit enfin d'un trop-plein. Et que les managers constatent un effet délétère sur les résultats.

Il est donc crucial d'enrayer la spirale infernale du surmenage tant qu'il en est encore temps, c'est-à-dire avant d'atteindre le point de non-retour.

Les signes qui ne trompent pas

Si l'on part du principe que, par nature, l'être humain cherche à faire correctement son travail et ne va pas plonger délibérément dans l'échec, tout manager doit être attentif à des signaux individuels, mais aussi collectifs.

Au niveau individuel

Nombreuses sont les études à avoir mis en évidence le lien direct entre la charge de travail (associée à des conditions professionnelles stressantes) et des symptômes aussi variés que les suivants :

» **Des troubles physiques** (troubles musculosquelettiques, désordres de nature cardiovasculaire, céphalées, etc.).

Le saviez-vous ?

Un mot japonais sert à désigner les répercussions d'un surmenage extrême : le *karoshi*, qui signifie « mort par excès de travail ». Le karoshi survient en situation de fatigue chronique liée à une surcharge de travail et si intense qu'elle induit des troubles cardiovasculaires pouvant conduire au décès.

» **Des troubles psychiques** (fatigue, irritabilité, troubles du sommeil, angoisse, saturation entraînant un rejet émotionnel, burn-out, etc.).

Vous avez dit burn-out ?

Le burn-out résulte d'un état de stress permanent et prolongé. Aujourd'hui considéré comme une maladie à part entière se caractérisant par un épuisement émotionnel, une forme de cynisme, une perte d'ambition, une fatigue généralisée et une baisse d'attention, le burn-out est un phénomène insidieux : sous une apparence extérieure maintenue intacte, les personnes qui en sont atteintes sont « vidées » de l'intérieur.

Quelles sont les personnes les plus à risque* ?

» **Les professions les plus exposées :**

- Celles qui sont soumises à de fortes sollicitations intellectuelles ou émotionnelles.
- Celles qui ont des niveaux de responsabilité élevés.
- Celles qui sont marquées par un décalage important entre les objectifs à atteindre et les moyens mis à disposition.

» **Les personnes les plus à risque :**

- Celles qui se fixent des objectifs de performance et de réussite ambitieux.
- Celles dont l'unique centre d'intérêt réside dans la valeur travail.
- Celles dont les performances professionnelles retentissent sur la confiance en soi.
- Celles qui sont en quête de reconnaissance et de valorisation.

* Source : Wikipédia, « Syndrome d'épuisement professionnel », mise à jour 3 décembre 2012.

» **Des troubles comportementaux** (dérèglement dans les conduites alimentaires, consommation accrue de médicaments, difficultés d'apprentissage, etc.).

Une fois ces signes repérés, il reste au manager à identifier les raisons du trouble.

Exemple

À la suite d'échanges répétés avec son responsable, un collaborateur a réussi à mettre un nom sur son mal-être : anxiété. Quelles raisons sont à l'origine du trouble ainsi exprimé ? Les facteurs exogènes liés aux méthodes de travail, à la charge de dossiers en cours ou encore à la culture d'entreprise sont-ils nécessairement en cause ? *Quid* de la dimension endogène, c'est-à-dire de la part de sensibilité de l'individu ?

Au niveau collectif

Différents signaux peuvent alerter les managers sur les difficultés qui touchent leur équipe. À commencer par une baisse de performance, des imperfections dans le travail rendu, un taux anormal de démissions ou d'absentéisme, des horaires à rallonge, des absences fréquentes et de courte durée, ou encore des arrêts maladie à répétition. Autres signes révélateurs : la remontée d'informations sur la surcharge de travail ou des conditions de travail stressantes auprès des instances du personnel, la dénonciation de situations de harcèlement ou de souffrance au travail auprès des directions des ressources humaines, voire des clients.

Une écoute vraiment active

Sans écoute, comment un responsable hiérarchique pourrait-il détecter d'éventuels signes de mal-être au travail ? D'expérience, on constate que les managers parlent malheureusement bien davantage qu'ils n'écoutent.

En la matière, il convient d'adopter une écoute dite « active », mais attention, pratiquer l'écoute active ne veut pas dire écouter activement.

À retenir

Élément incontournable de la démarche de coaching, l'écoute active du manager s'oriente simultanément vers trois directions :

» vers la relation qui se développe avec le collaborateur ;

» vers le collaborateur lui-même ;

» vers lui-même (auto-évaluation du manager coach).

Revenons sur ces trois directions.

L'observation de la relation avec le collaborateur

L'observation du style relationnel permet d'ajuster le mode d'intervention du coach. La relation peut être symétrique (collaborateur et coach adoptent un comportement en miroir) ou complémentaire (chaque personne adopte un comportement qui complète celui de l'autre).

L'observation du collaborateur

Le message comporte deux composantes (verbal et non verbal). Tandis que l'aspect verbal correspond au contenu sémantique du message (structure, contenu), le non-verbal recouvre la forme du message et la manière dont il est émis.

L'auto-observation du manager coach

Pendant l'entretien ou la discussion informelle avec son collaborateur, les réactions du manager sont inévitables. Aussi ce dernier doit-il disposer d'une réelle aptitude à s'observer et bien connaître son propre mode de fonctionnement.

Exemple

Voici quelques pensées susceptibles d'envahir le manager coach :

» « Ce collaborateur ne comprend rien à rien et n'écoute rien, c'est agaçant. »

» « C'est la troisième fois cette semaine qu'il ressasse la même chose à propos de... »

» « Je ressens un malaise réel à être en sa présence. »

» « Vivement ce soir. »

Faire abstraction de ces pensées parasites est une condition *sine qua non* à une écoute vraiment active. Soyez vigilant !

DANS CE CHAPITRE

Apprendre à se centrer sur l'essentiel : les moyens importent peu, seuls comptent les objectifs

•

Agir sur le contenu et l'organisation de son activité

•

Travailler sur la simplification

Chapitre 2
Quand l'optimisation passe par la réduction

Je le soulignais dans l'introduction : toute optimisation passe par la réduction, ou par la différenciation. En matière d'organisation au travail, il n'y a rien à gagner à entrer dans la spirale du « toujours plus ». Facile à dire, me direz-vous. Vous avez raison. Voyons donc comment, au niveau du contenu de l'activité et des méthodes de travail, nous pouvons agir pour sortir la tête de l'eau et continuer de produire un travail de qualité.

L'art d'aller à l'essentiel

> ***« On a tous deux vies, et la deuxième commence quand on se rend compte qu'on n'en a qu'une. »***
>
> Confucius

Réfléchir à notre organisation et à notre gestion du temps revient à s'arrêter sur la façon dont nous remplissons notre vie : quelle place accordons-nous aux différentes sphères de notre existence (professionnelle, familiale/amicale, sociale, personnelle) ? Au sein de chaque sphère, sommes-nous persuadés d'être focalisés sur ce qui compte le plus pour nous ?

Si vous tenez ce livre entre les mains, je suppose que certaines de vos activités quotidiennes n'ont rien à faire là... Ou que des corvées sans valeur ajoutée viennent perturber vos bonnes intentions. Ou encore que vous déplorez de passer trop de temps sur des tâches qui, à bien y réfléchir, n'en valent pas la peine.

Comment être sûr d'aller à l'essentiel, sans s'encombrer des détails qui polluent le quotidien ? Pourquoi chercher la perfection quand on peut se contenter de l'acceptable ?

Ne plus s'encombrer des détails

À vouloir faire deux, trois, voire quatre choses à la fois, vous sautez d'une tâche à une autre, passez à une troisième pour, finalement, n'en terminer aucune ! Au bureau, vous ne savez plus où donner de la tête ; alors forcément, vous avez tendance à bâcler les choses, à vous déconcentrer, et donc à perdre en efficacité. Au lieu d'aller droit au but, vous vous noyez dans les détails, ce qui ne manque pas de vous exposer à toujours plus de stress et d'entretenir un état d'épuisement chronique. Finalement, vous risquez de tout perdre.

Pour nous centrer sur l'essentiel, il convient de revenir à nos vrais objectifs professionnels, ceux qui donnent du sens à notre action, ceux sur lesquels nous serons évalués mais surtout ceux qui nous motivent. Et, ensuite, d'éviter de nous disperser.

Pour l'experte en efficacité professionnelle Pascale Bélorgey, la première chose à faire consiste à définir un « objectif personnel puissant », ou OPP. L'OPP n'est pas un simple objectif : « Il agit comme un aimant pour nos actions futures [...]. C'est une vision forte qui guide nos choix et nos actions au quotidien[2]. »

2 P. Bélorgey, *La Boîte à outils de la gestion du temps*, Éditions Dunod, 2019, p. 16-17.

Exercice

Voici cinq étapes incontournables à franchir pour identifier votre ou vos objectifs de long terme.

Étape 1 : vérifier la logique de sens de votre objectif.

Les effets induits par la réalisation de cet objectif (directs et indirects) doivent « faire sens ». Quelle cohérence par rapport à vos valeurs, à votre identité profonde ?

Étape 2 : placer la barre à son juste milieu.

Quel niveau de défi visez-vous ? Votre aimant doit être suffisamment puissant pour attirer vos actions du quotidien vers sa réalisation.

Étape 3 : formuler affirmativement votre objectif.

Un objectif de vie (professionnelle ou personnelle) ne doit pas être exprimé négativement. Par exemple, transformez « je souhaite réduire le temps passé à la gestion administrative » en « je passe une demi-journée par jour sur des activités à forte valeur ajoutée ».

Étape 4 : vérifier l'écologie de votre objectif.

La notion d'écologie investit énormément le milieu du coaching. Vérifier l'écologie de quelque chose revient à vous poser la question de savoir comment vous ainsi que votre entourage vous sentirez quand cet objectif sera atteint. Risque-t-il d'y avoir des déçus dans l'affaire ?

Étape 5 : tester votre motivation.

Un objectif puissant contient une part de vos désirs. Sans désir, point de plaisir à le réaliser, et point d'action soutenue pour le mettre en œuvre.

Disposer d'objectifs de long terme qui renferment les ingrédients ci-dessus constitue une excellente façon, sans doute la meilleure, de donner un sens à sa carrière professionnelle. Et de garder le cap en toutes circonstances.

L'imperfection parfaite

> « *Mieux vaut s'accepter imparfait que de ne pas s'accepter du tout, ou faire semblant d'être un autre que soi*[3]. »
>
> Christophe André

L'imperfection est difficile à accepter. Surtout pour celles et ceux qui ont reçu depuis leur enfance des signaux de reconnaissance encourageant la perfection. Et si nous nous contentions de l'acceptable plutôt que d'exiger la perfection ?

Tout d'abord, une prise de conscience s'impose : un monde parfait et une vie sans la moindre anicroche n'existent pas, et fort heureusement. La vie en général (professionnelle ou pas) est faite de belles rencontres, de moments agréables, d'échanges constructifs, mais aussi d'imprévus, de doutes, d'erreurs ou de déceptions. Ce sont tous ces petits piments, heureux ou malheureux, qui la rendent intéressante. Ce sont nos défauts qui nous rendent uniques.

Ensuite, couper en permanence les cheveux en quatre épuise énormément. C'est un peu comme si on s'évertuait à remplir un seau percé. « Quand je m'accommode [...] de ce qui est suffisant, je risque l'insatisfaction, c'est vrai ; mais si je ne m'en accommode pas, [...] alors j'ai toutes les chances de vivre indéfiniment dans le mécontentement et la frustration[4]. » S'acharner à trop bien faire, c'est prendre le risque de s'exposer à la frustration et à la déception.

Enfin, viser la perfection imposerait de tout anticiper, de tout prévoir, de tout maîtriser, de ne jamais se tromper, d'être capable de tout expliquer. Or, jusqu'à preuve du contraire, vous ne disposez pas de boule de cristal et n'avez certainement aucun don pour lire dans le marc de café ! Vous aurez beau essayer de tout cadrer, les choses ne se passeront jamais exactement comme vous l'avez prévu .

---

3 Ch. André, *Imparfaits, libres et heureux. Pratiques de l'estime de soi*, Éditions Odile Jacob, 2006, p. 262-263.

4 T. Ben-Shahar, *Choisir sa vie. Apprendre à saisir sa chance*, Éditions Belfond, 2012, p. 157.

Exercice

Voici un exercice en quatre points clés, pour réussir à bien vivre l'imperfection.

Clé numéro 1. Exposez-vous aux situations imparfaites, *a priori* inconfortables pour vous. Par exemple, observez vos mails qui attendent dans votre boîte aux lettres, votre *to-do list* qui ne désemplit pas, le nombre de personnes que vous vous êtes engagé à rappeler, etc. Regardez le désastre. Écoutez-le. Contemplez-le. Laissez monter vos émotions, puis dégonflez : après tout, n'y a-t-il pas plus grave dans la vie ?

Clé numéro 2. Réévaluez les conséquences de l'imperfection en vous demandant une nouvelle fois. « Est-ce vraiment si grave ? » La multinationale dans laquelle vous travaillez va-t-elle déposer le bilan pour quelques coups de fil mis en attente ?

Clé numéro 3. Simplifiez-vous l'existence. Arrêtez de traquer les failles, les vôtres ou celles des autres. Vous verrez, vous allégerez votre quotidien.

Clé numéro 4. Sachez suivre votre intuition, improvisez. Plutôt que de cogiter en permanence, agissez « au feeling », avec vos tripes plutôt qu'avec votre cerveau. Osez écouter et sentir les sensations qui s'expriment en vous. Elles sauront vous guider autant, si ce n'est davantage, que vos tableaux de bord !

Acceptez de vous montrer sous votre vrai visage. Assumez-vous tel que vous êtes. Soyez authentique, soyez vulnérable, soyez vrai.

Tous les chemins mènent à Rome

Vous désirez vous rendre à Rome ? Pourquoi tergiverser pour savoir par où passer ? Le tout est d'arriver à bonne destination, en prenant en compte les contraintes qui vous sont imparties (délais, ressources humaines, financières ou temporelles, par exemple). Ôtez-vous de l'esprit qu'il n'y a qu'un seul chemin possible. Autrement dit, qu'il existe une seule bonne façon de faire les choses. Choisissez votre chemin, acceptez parfois de bifurquer, de vous arrêter pour mieux repartir. Acceptez également qu'on puisse en emprunter un autre. Laissez donc aux autres le soin de choisir leurs propres méthodes de travail, moyens et processus. Si vous vous mettez dans le crâne qu'il convient de toujours faire les choses d'une certaine manière, que celle-ci est forcément la meilleure et que, cerise sur le gâteau, vous imposez cette façon de procéder aux autres, vous vous morfondrez chaque fois que les conditions d'exécution changeront.

À retenir

Plutôt que de pinailler sur la façon dont le travail doit être fait, préoccupez-vous de votre objectif : ce n'est qu'à cette condition que le succès et la confiance seront au rendez-vous.

L'atteinte de l'objectif, c'est bien. Mais le chemin emprunté l'est tout autant. Il peut être source de rencontres, d'échanges, de défis à relever, d'imprévus à contourner, de temps à maîtriser, d'énergie à canaliser, etc. La route peut donc être exquise, sans que la performance soit au rendez-vous pour autant. En revanche, il y a fort à parier que celui qui trouve plaisir sur le chemin atteindra tôt ou tard une performance durable.

Savoir prioriser et compartimenter

Nous l'avons expliqué dans le chapitre 1, la charge mentale naît de l'interférence entre plusieurs pensées ou plusieurs actions, et de l'enchevêtrement de plusieurs sphères de vie ou de plusieurs activités. Le débordement naît donc de la non-étanchéité entre ces différentes composantes.

Le saviez-vous ?

Sans le savoir, nous naviguons en plein *blurring*, ce terme anglais étant initialement utilisé pour désigner le flou (en anglais *blur*), le brouillard, la confusion entre vie professionnelle et vie personnelle. Accentué par la digitalisation qui casse les frontières entre vie privée et vie professionnelle, le *blurring* est très en vogue dans les organisations en ce moment. La société PageGroup s'est intéressée au phénomène en 2017, en menant une enquête en ligne auprès de plus de 1 500 personnes. Les résultats sont édifiants : 75 % des Français interrogés équipés d'appareils mobiles professionnels disent travailler pendant leur temps libre !

Pour être cent pour cent disponible à l'instant *t* pour une personne ou une activité, pour que toute votre attention soit portée vers votre objectif du moment, il convient de ranger vos activités dans des tiroirs, pour les cloisonner (nous y reviendrons dans le chapitre 18).

Mais, pour l'heure, je vous propose de définir vos objectifs prioritaires de long terme, de savoir à quel moment et comment les réviser, de réussir à prioriser vos activités et de vous pencher sur l'outil par excellence de gestion des tâches : votre *to-do list*.

Identifier ses vrais objectifs

« Les personnes qui suivent une vision sont plus heureuses que celles qui n'en ont pas[5] », soutiennent les spécialistes du développement personnel. Pourquoi ? Tout simplement parce que chaque jour qui passe, elles dirigent une grande partie de leurs actions vers un but. But auquel elles aspirent, aussi ambitieux et déraisonnable soit-il.

Point de hasard dans tout cela. En effet, si ces personnes savent où elles vont, c'est parce qu'elles ont travaillé sur le sens qu'elles voulaient donner à leur carrière professionnelle ou, plus largement, à leur vie en général.

Toutefois, lorsqu'on ne sait plus par quel bout prendre les choses, on a tendance à oublier soit de suivre ses objectifs de vie, qui procurent énergie et plaisir, soit de les définir correctement. Résultat, toutes les petites choses du quotidien s'empilent comme autant de contraintes. Nous avons l'impression d'être pris pour le pigeon de service et de faire les choses uniquement par obligation. Dans ces moments-là, il convient de revenir immédiatement à la raison qui nous fait agir.

---

5 L. Lagarde, *La Boîte à outils du développement personnel en entreprise*, Éditions Dunod, 2014, p. 58.

Exemple

Imaginons que les fêtes de fin d'année approchent et que vous ayez mis un point d'honneur à organiser un superbe sapin de Noël dans le service où vous travaillez. Faire plaisir à vos collègues et vous retrouver autour d'une coupe de champagne avant de vous revoir en début d'année, tel est votre but. Vous savez donc pourquoi vous dépensez autant d'énergie. Bien. Dès lors, chaque fois que vous serez tenté de râler parce que le sapin que vous avez commandé ne correspond pas tout à fait à celui que vous envisagiez, que vous vous démenez avec le papier cadeau et que, cerise sur le gâteau, vous devez boucler tous vos dossiers avant les vacances de Noël, ne râlez plus ! Repensez à votre objectif !

« Chaque homme doit inventer son chemin », disait Jean-Paul Sartre. Construisez donc le vôtre.

Questionnaire

Quelle destination éclaire vos actions quotidiennes ? Quelles sources d'inspiration motivantes sont capables de vous animer ?

Concrètement, que devez-vous faire ? Comment devez-vous vous comporter, pour atteindre votre vision ?

Où en êtes-vous aujourd'hui ?

Où souhaitez-vous être rendu dans quinze jours ? Dans six mois ? Dans trois ans ?

Fixez-vous des objectifs suffisamment motivants pour vous donner envie d'aller toucher votre cible et de transformer votre vision du futur en une direction claire. « Savoir dès le départ où l'on veut aller permet de mieux comprendre où l'on en est et de s'assurer que tous nos pas nous mènent dans la bonne direction[6] », estime Stephen R. Covey, l'auteur du best-seller *Les 7 habitudes de ceux qui réalisent tout ce qu'ils entreprennent.*

La notion d'envie est ici fondamentale. En effet, quand on cherche à donner du sens à un objectif ou à une activité, trois dimensions sont à développer : la direction, la signification et la sensation.

Figure 2-1

Donner du sens à son objectif

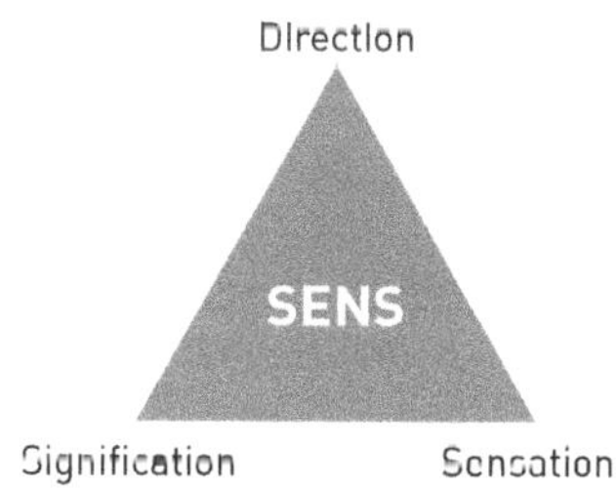

Sans la sensation d'avoir en soi une flamme puissante pour avancer, inutile de parler d'objectif de vie !

---

6 S. R. Covey, *Les 7 habitudes de ceux qui réalisent tout ce qu'ils entreprennent*, First Éditions, 2005, p. 107.

Relativiser l'accessoire

> *« Ce qui est important est rarement urgent et ce qui est urgent est rarement important. »*
>
> Dwight D. Eisenhower

Évoquer la priorisation des activités revient inévitablement à les classer, *a minima* en deux catégories : les tâches prioritaires (à puiser idéalement dans les objectifs de long terme) et celles qui le sont moins. L'écueil réside dans le poids accordé à chacune de ces catégories. En effet, la seconde a toujours tendance à l'emporter sur la première. De ce fait, dès que les choses ne tournent pas exactement comme vous le souhaitez, c'est le drame assuré. Vous montez en épingle le plus petit désagrément. Votre collaborateur a envoyé un rapport truffé de fautes d'orthographe ? À deux contre un, votre direction générale va vous passer un savon. Votre proposition n'a pas été retenue par le client ? Quel incapable vous faites ! Votre responsable ne va pas vous rater lors de votre prochaine évaluation. Ce phénomène de sur-exagération s'explique aisément : vous êtes à bout et tout, absolument tout, prend des proportions incommensurables. Vous vous gâchez la vie pour de mauvaises raisons.

Il est temps de revenir à vos vraies priorités ! Et d'organiser votre temps en conséquence.

De façon plus ou moins consciente, nous classons nos activités en nous focalisant en premier lieu sur le degré d'urgence de leur réalisation... là où nous devrions plutôt nous concentrer sur leur importance.

De façon construite, cette fois-ci, je vous propose de classer vos principales activités quotidiennes selon ces deux axes principaux :

- **leur degré d'urgence (les tâches urgentes requièrent une attention et une action immédiates, ce sont souvent des obligations de court terme) ;**
- **leur degré d'importance (les activités importantes contribuent en général à la réalisation de vos objectifs de moyen, voire de long terme).**

Le risque consiste à se laisser distraire par les urgences, au risque de perdre de vue les activités qui contribuent à notre réussite, à notre épanouissement professionnel, à la relation de proximité que nous entretenons avec nos collègues, etc.

Figure 2-2

Matrice d'Eisenhower

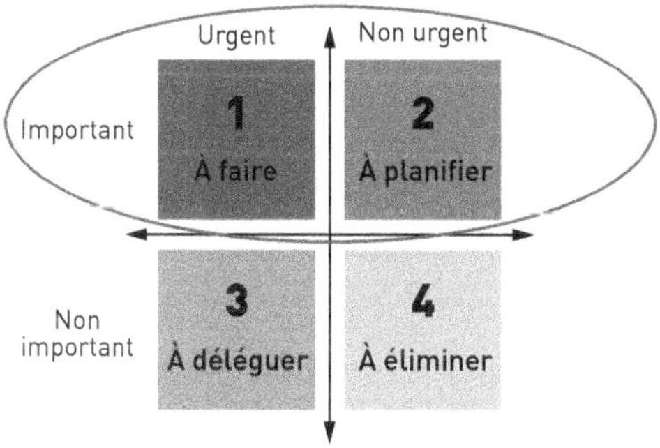

Cette matrice à double entrée, dite matrice d'Eisenhower, résume très bien les choses.

Le meilleur moyen de ne pas se laisser happer par les prétendues « urgences » consiste à réduire le degré d'urgence de chacune de vos activités. Pour ce faire, il n'y a pas trente-six solutions : il vous faut apprendre à faire le tri, à relativiser et à vous concentrer sur les activités qui vous guideront vers vos objectifs de moyen ou long terme.

Les bienfaits de la *to-do list*

La *to-do list*, c'est cette fameuse compilation (sur papier ou sur smartphone) de choses à faire, que l'on coche au fur et à mesure de leur réalisation.

Il y a ceux que la *to-do list* terrorise, parce qu'ils ont l'impression que quoi qu'ils fassent, cette dernière ne désemplira jamais. Barrez une action réalisée, c'est une autre qui prendra inévitablement le dessus ! Ceux-là bannissent de leur vie les listes en général. Et puis il y a ceux qui l'ont définitivement adoptée, la comparant à... une poubelle ! Tout simplement parce qu'elle exerce un rôle de vidange dans nos esprits.

À retenir

Quand une tâche arrive sur le papier, elle quitte votre esprit, lequel est plus à même de réfléchir. Le fait de rayer une tâche quand elle est terminée renforce le phénomène.

La *to-do list* permet donc de se libérer l'esprit. Et mieux vaut coucher sur le papier, sur votre smartphone ou sur toute autre application de gestion de liste, les choses à faire que de les laisser s'entrechoquer dans votre tête.

Trucs et astuces

Voyons comment réaliser une *to-do list* efficace.

» **Commencer chaque tâche par un verbe d'action. Par exemple, « appeler untel », « envoyer ceci à unetelle », « ranger cela », etc.**

» **Créer des listes différenciées : une liste pour les tâches d'ordre personnel, une liste pour le professionnel. Au travail, une liste par projet (projets en cours et projets à venir).**

» **Pour chaque action, indiquer si besoin des tâches intermédiaires très précises, avec un délai de réalisation et des interlocuteurs clés à mettre dans la boucle.**

Ce troisième point est très important, car il constitue une arme anti-procrastination. Imaginez par exemple que vous deviez envoyer une lettre recommandée avec accusé de réception à votre fournisseur, monsieur Leclerc, pour lui indiquer votre mécontentement à la suite de la dernière livraison de produits.

Cette tâche est inscrite sur votre liste de choses à faire depuis plus d'une semaine, vous n'arrivez pas à vous lancer. Pourquoi ? Peut-être ne disposez-vous pas de formulaire de recommandé avec accusé de réception ? Peut-être n'avez-vous pas ses coordonnées sous la main ? Peut-être même que ces raisons ne sont que des prétextes, car vous n'osez tout simplement pas lui exprimer votre mécontentement...

Et si vous appreniez à découper vos tâches en sous-tâches, de façon à les rendre plus digestes ?

Simplifier oui, mais pas n'importe quoi et n'importe comment

> « *L'homme devrait mettre autant d'ardeur à simplifier sa vie qu'il en met à la compliquer.* »
>
> Henri Bergson

Vous connaissez les fameuses usines à gaz... On ne rêve que d'une chose : les simplifier, voire les supprimer ! Nourrie par le mode projet auquel de plus en plus d'organisations ont aujourd'hui adhéré, l'excitation du début de mission laisse très souvent place à la lassitude, la crainte de ne pas voir le bout du tunnel, l'angoisse de devoir sauter des barrières infranchissables... Car un projet dure en général longtemps. La seule façon d'écourter cette période intermédiaire entre le démarrage d'un projet et l'atteinte du résultat (et, donc, à maintenir intactes l'énergie et la motivation au long cours) consiste à simplifier au maximum.

Simplifier ne signifie pas forcément retirer. C'est travailler en profondeur sur les process, sur les façons de faire, sur la priorisation des tâches. C'est aussi accepter que le mieux soit l'ennemi du bien : stop au fignolage, aux délais fixés au doigt mouillé et aux comportements zélés.

Adopter une approche minimaliste

Imaginez un bouquet de fleurs un peu fané, dont vous coupez progressivement les pétales les plus abîmés et les feuilles séchées : vous dépouillez votre bouquet des éléments qui l'encombrent et le ternissent. Peut-être allez-vous légèrement en modifier la structure, mais vous pourrez encore en profiter encore quelques jours.

C'est ce principe de dépouillement qu'il convient d'appliquer dans sa vie au quotidien. La période du confinement aura été un excellent exercice en la matière, car nous nous sommes aperçus que nous avons dû stopper certaines tâches quotidiennes devenues automatiques, et qu'en les arrêtant du jour au lendemain, nous n'avons pas pour autant, en quelque sorte, dénaturé notre bouquet.

Questionnaire

Quelles tâches régulières de votre quotidien peuvent attendre sans entraîner de conséquences désastreuses ?

Quelle est la valeur ajoutée de ces tâches (conséquences sur le business ou l'environnement) ?

Quel serait le bénéfice perçu par les autres si vous décidiez de les arrêter ?

Au fond, pour qui / pour quoi réalisez-vous ces tâches ?

Nous touchons ici la notion de limite : limiter les exigences, limiter le temps consacré à certaines choses, limiter le flux d'informations, etc. La limitation vaut pour ce que nous sommes capables de fixer aux autres (nous y reviendrons plus largement dans le chapitre 12), et aussi ce que nous acceptons de nous imposer.

Adopter une approche minimaliste consiste donc à réduire, mais aussi à limiter. À identifier à quel moment baisser la barrière, pour nous laisser le temps de souffler.

Réviser ses priorités

C'est un fait : le monde bouge. Au niveau professionnel, la rapidité étourdissante à laquelle se développent les nouvelles technologies, les plans sociaux à répétition, ainsi que l'évolution de l'environnement économique ou social, nous obligent à diversifier nos compétences, à acquérir de nouvelles connaissances, à nous réinventer en permanence, sous peine d'être mis sur la touche en deux temps trois mouvements ! Il devient urgent, comme le notait avec humour Francis Blanche, de « penser le changement plutôt que de changer le pansement ».

Pourtant, nous avons naturellement tendance à nous raccrocher à nos habitudes, à nos façons de faire et aux priorités que nous nous sommes fixées, partant du principe qu'elles seules permettent de nous maintenir en équilibre.

Au lieu de lever le nez pour sentir d'où vient le vent et mettre au point différentes options en cas de tempête, nous poursuivons tête baissée dans la direction que nous nous sommes initialement fixée.

Exercice

Dans son ouvrage *La Boîte à outils de la gestion du temps*, Pascale Bélorgey propose un exercice en plusieurs étapes, que je vous livre ci-dessous[7] :

Étape 1 : évaluez la charge de vos nouvelles activités.

Vos nouvelles missions sont-elles cohérentes avec vos objectifs de long terme ? Avec vos projets professionnels ?

Quel temps allez-vous y consacrer ? Pour vous aider à l'estimer, référez-vous à des sous-activités ou des sous-tâches.

7 P. Bélorgey, *La Boîte à outils de la gestion du temps*, *op. cit.*, p. 94

Étape 2 : révisez vos priorités.

Remettez vos anciennes priorités et vos nouvelles missions dans un pot commun et posez-vous à nouveau la question suivante : lesquelles font sens par rapport à vos objectifs de vie ?

Étape 3 : retirez des activités, déléguez-en d'autres.

La démarche est radicale, mais efficace !

Étape 4 : faites entériner vos choix.

Dessinez les nouveaux contours de votre domaine d'intervention en communiquant sur votre démarche auprès de votre responsable ou de vos collègues.

En suivant ces étapes, vous vous rendrez compte à quel point vous devrez faire des choix et, donc, renoncer. Le renoncement pourra porter sur des activités qui vous tiennent à cœur, mais que vous jugerez moins prioritaires par rapport à vos projets de long terme. L'exercice est difficile, mais le jeu en vaut la chandelle.

DANS CE CHAPITRE

Apprendre à clarifier son planning de la journée en l'adaptant à ses priorités

•

Réussir à atteindre sa cible en minimisant ses efforts

•

Garder la main sur son environnement

Chapitre 3

Revoir sa fixation d'objectifs

Voici un chapitre qui va nous faire prendre un peu de hauteur, car il traite de l'ambition et de sa déclinaison en objectifs. Deux impératifs sur lesquels on ne peut faire l'impasse quand on traite d'organisation et de bataille contre la charge mentale. Savoir définir son ambition et ses objectifs, c'est déjà très bien. Mais savoir garder le cap et arrêter de se laisser parasiter par des éléments perturbateurs, c'est encore mieux ! Voyons comment faire...

Structurer sa journée

« *Sans but, il est difficile de marquer des points*[8]. »

Paul Arden

8 P. Arden, *Vous pouvez être ce que vous voulez être*, Éditions Phaidon, 2004, p. 5.

L'organisation d'une journée de travail procède d'une vraie méthode, pragmatique, réfléchie, visant ni plus ni moins à se simplifier la vie et à rentrer sereinement chez soi le soir ! En effet, il n'y a rien de plus terrible que de quitter le bureau avec en tête la liste des tâches que l'on n'a pas eu le temps de faire, et qu'on n'aura sans doute pas le temps de faire le jour suivant... Ruminations nocturnes assurées !

Questionnaire

Alors ne mettez pas un pied au bureau sans vous être posé les questions ci-dessous.

À la fin de votre journée de travail, où souhaitez-vous être rendu ?

Quels dossiers importants mettez-vous un point d'honneur à boucler ? Quelles sont vos priorités ?

Quelles tâches de votre *to-do list* pourraient disparaître ?

Vous pouvez tout à fait consigner ces éléments sur papier, par exemple pendant votre temps de trajet, en représentant vos tâches sous forme de camembert, de liste ou de tableau.

Figure 3-1

Agencer ses tâches

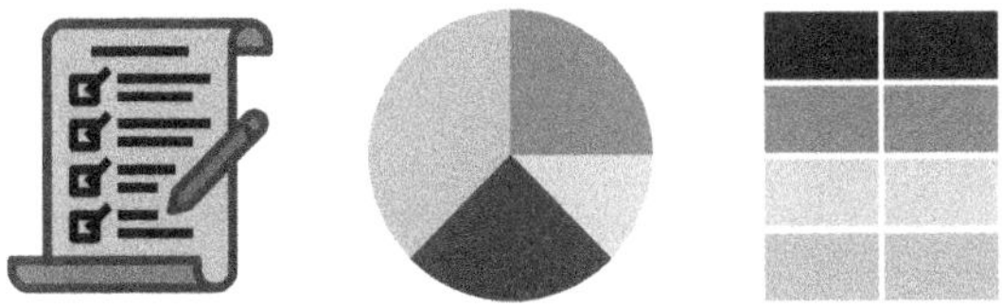

Quand on sait où l'on va, on peut déjà considérer que la moitié du chemin est parcourue.

Revenir à l'essentiel

Au XXIe siècle, le temps est sans doute la denrée la plus précieuse qui soit. Il s'agit donc de ne pas le dépenser n'importe comment. L'économiser ou bien le placer, comme on le ferait pour ses deniers, s'impose comme une évidence. Nous réfléchissons à deux fois avant de sortir un billet de notre portefeuille, alors pourquoi ne pas faire la même chose avec le temps ?

Questionnaire

Pour bien placer votre temps, répondez à ces deux questions ci-dessous.

Qu'est-ce qui est réellement important pour vous, au travail et/ou dans la vie en général (vos valeurs) ?

Quelles sont les activités que vous prenez plaisir à réaliser ?

Vous l'aurez compris, derrière ces deux questions se cache le retour aux choses qui ont un sens pour vous, qui représentent votre colonne vertébrale, vos valeurs. Est-ce la générosité ? L'atteinte d'un résultat ? L'éducation des enfants ? La liste pourrait s'étendre à l'infini.

Exercice

Afin de découvrir les leviers de motivation, les experts en développement personnel suggèrent de recourir à la méthode des « pourquoi ». Remémorez-vous un événement majeur dans votre vie. Il peut s'agir d'un succès ou d'un échec. Ensuite, répondez aux « pourquoi » !

Exemple

Il y a cinq ans, j'ai réussi à être promu au poste de manager.

» **Pourquoi ? Parce que j'étais reconnu dans ma fonction précédente de chef de projet.**

» **Pourquoi ? Parce que j'étais compétent.**

» **Pourquoi ? Parce que je prenais plaisir à travailler en collaboration avec d'autres personnes.**

» **Pourquoi ? Parce que je ne me sens bien qu'entouré d'une équipe que j'ai envie de faire progresser.**

Dans cet exemple, la personne est guidée par son désir de faire collaborer une équipe, de la mener au succès, et par le besoin d'être en contact avec d'autres pour avancer. À ces mêmes questions, d'autres auraient pu évoquer le statut social, l'attrait financier, le besoin d'autonomie, la soif de pouvoir, etc. Une fois que vous aurez répondu à ces questions, revenez à votre activité quotidienne : combien de temps passez-vous sur l'essentiel ? Êtes-vous réellement aligné avec vos valeurs les plus profondes ? N'oubliez pas : être en harmonie avec ses valeurs fondamentales donne des ailes. Ne les négligez pas !

« Smartiser » ses objectifs

Quand on court après le « toujours plus », on a tendance à placer la barre toujours trop haut. Mais à force d'avoir les yeux plus gros que le ventre, on risque fort de baisser les bras. Alors que si l'on apprend à découper et à *smartiser* ses objectifs (c'est-à-dire à les rendre « intelligents »), on multiplie ses chances de réussite. Des objectifs SMART sont :

- **S** : Spécifiques
- **M** : Mesurables
- **A** : Atteignables
- **R** : Raisonnables
- **T** : Temporellement définis

Ce concept d'objectifs SMART a été introduit dès les années 1950 par le théoricien américain du management Peter Drucker. Il s'inscrit dans la droite ligne de la gestion par objectifs (GPO), méthode de management développée dans les années 1990, qui s'appuie sur une participation active de tous les acteurs de l'entreprise à la fixation de leurs propres objectifs.

Définir des objectifs SMART demande de la réflexion. Le but n'est pas de construire des usines à gaz, mais bien de jalonner votre ambition de critères observables et mesurables.

Trucs et astuces

Transformez vos buts à atteindre en sous-objectifs SMART : ainsi, il vous sera bien plus facile de regarder en arrière et de mesurer tout le chemin que ces étapes intermédiaires vous ont fait parcourir.

Revoir son niveau d'exigence, pas son ambition

> « *Il faut toujours viser la lune, car même en cas d'échec, on atterrit dans les étoiles.* »
>
> Oscar Wilde

Au travail comme dans la vie en général, avoir une ambition implique de nous questionner sur ce que nous voulons réellement, plutôt que de ressasser ce dont nous ne voulons plus. Mais happés par un quotidien vertigineux, noyés dans le stress et l'hyperactivité, nous oublions de nous poser les questions qui donnent du sens à nos actions.

Où sont passées les sources d'inspiration susceptibles de nous motiver sur le long terme ? Qu'est devenue la force intérieure capable de nous animer ? La direction vers laquelle tous nos pas devraient nous conduire ? L'énergie positive qui nous permet d'amortir les aléas du quotidien ?

L'ambition est à distinguer de l'exigence. L'exigence sous-entend souvent la recherche de résultat et de perfection. C'est une notion à double tranchant : avoir trop d'exigence (vis-à-vis de soi-même ou des autres) revient à courir après un idéal et, sur la distance, finit par tuer la motivation et le plaisir au travail.

L'ambition, quant à elle, se rapproche du rêve. Au fait, savons-nous toujours rêver ?

De l'intérêt d'une ambition élevée

On a l'habitude de dire qu'en matière d'ambition, on n'est jamais trop fou. En effet, ce sont les grandes visions, aussi farfelues soient-elles, qui inspirent l'être humain. N'ayez donc crainte de rêver en grand. Enthousiasmez-vous pour une cause qui vous énergise et vous aide à tenir bon en cas de débordement.

L'ambition fait appel au rêve. Celles et ceux d'entre vous qui ressassent : « Je ne m'épanouis pas dans mon travail », « Je n'apprends plus rien », « Je ne sais plus pourquoi je viens travailler », etc., sont-ils encore capables de rêver ? De s'élever vers un idéal ?

À retenir

Rêver permet de donner du sens à sa vie et de garder le cap en toutes circonstances. Grâce au rêve, lorsqu'un risque se profile à l'horizon ou que nous ressentons le besoin d'opérer un virage dans notre vie, chacune de nos bifurcations nous mène à destination.

Mais qui dit rêve et ambition élevée dit aussi risque de déconvenues. Dès lors, nous sommes nombreux à nous contenter de traverser la vie sans viser trop haut, tout simplement de peur d'être déçus. La peur freine notre degré d'ambition : nous avons peur d'avoir peur. « Faites chaque jour quelque chose qui vous effraie », conseillait Eleanor Roosevelt. C'est sans doute une excellente technique pour apprendre à vivre avec ses peurs et à les dépasser.

Exercice

Pour renouer avec une vraie ambition, plusieurs étapes sont incontournables.

Étape 1 : se positionner dans un état d'esprit positif. En effet, les rêves ne se réalisent que sur un terreau fertile en énergies positives et pauvre en émotions paralysantes (peur, anxiété, découragement, doute, impuissance, etc.).

Étape 2 : visualiser son rêve. Y associer des personnages, des objets, des odeurs, une atmosphère, etc. Nous pensons en images. Mais pour que le rêve produise un résultat optimal et soit efficace pour un maximum de personnes, il convient de faire jouer tous ses sens.

Étape 3 : continuer de visualiser son rêve en se posant les bonnes questions. À ce stade, il peut s'avérer utile de consigner ses idées par écrit :

» Pourquoi ai-je choisi ce travail ?

» Est-ce que ma relation avec mon responsable / mes collègues me convient ?

» Est-ce que je m'épanouis dans mon travail ?

» Mon travail me permet-il de satisfaire mes besoins profonds, mes valeurs ?

» Mon travail respecte-t-il mon identité ?

À retenir

N'oubliez pas : peu importe que votre rêve paraisse complètement fou ; revenez-y régulièrement, puisque c'est en lui que se trouvent l'énergie et la passion qui vous animent vraiment !

Privilégier la stratégie des petits pas

Dans le monde de l'instantané, de la vitesse, et des applis, nous recherchons le résultat tous azimuts. Nous mettons un point d'honneur à satisfaire nos besoins sans délai. Dans cette recherche de performance extrême, nous voyons tout en grand. Mais pour voir en grand, il faut penser petit ! En effet, rien de tel pour se lancer en action que de découper son ambition en sous-objectifs, et de mettre en œuvre les moyens de les atteindre, pas à pas.

Les avantages de la stratégie des petits pas

» Favoriser le passage à l'acte.

» Sortir plus facilement de sa zone de confort.

» Mettre toutes les chances de son côté pour atteindre son objectif ultime.

» Prendre confiance en soi.

» Minimiser les déceptions en cas d'échec.

Comme le notent Philippe Bazin et Jean Doridot dans leur petit manuel d'auto-coaching : « Un enfant qui commence le piano ne fait pas ses premiers pas sur du Rachmaninov ou du Gershwin. Il apprend d'abord à faire des gammes, encore et encore. Lorsqu'il joue son premier morceau en entier, une étude très simple parfois composée par un inconnu, il remporte sur lui et sur l'instrument un succès énorme[9]. » Les auteurs concluent : « Chacun d'entre nous serait capable de dévorer un éléphant, à condition de le découper en petits morceaux et d'accepter le temps nécessaire. »

À retenir

Redimensionner ses objectifs ne signifie pas renoncer : c'est avancer à petits pas pour atteindre le succès.

Rester maître du jeu

> *« Quand tout semble être contre vous, souvenez-vous que l'avion décolle face au vent, et non avec lui. »*
>
> Henry Ford

Qui vous impose de gérer tous vos dossiers en quatrième vitesse ? Êtes-vous sûr que les demandes que l'on vous formule sont toutes aussi urgentes ? Vous impose-t-on réellement d'éplucher tous vos mails dans la journée ?

D'expérience, on peut observer en situation de travail un phénomène très intéressant, quel que soit le niveau hiérarchique concerné. Ce phénomène emprunte à la fois à la généralisation (par exemple, parce qu'on vous a demandé une fois ou deux de rendre votre copie du jour au lendemain, vous en avez fait une généralité), à la sur-adaptation (qui vous positionne dans le désir permanent de répondre au désir de votre commanditaire) et aux distorsions cognitives (croyances déformées, fondées sur votre propre façon de voir les choses et de réagir par rapport à vos schémas de pensée).

Sous l'emprise de ce phénomène, il vous arrive de ressentir la désagréable impression que l'on tire les ficelles à votre place, et vous n'en pouvez plus.

9 Ph. Bazin, J. Doridot, *Petit Manuel d'auto-coaching*, InterÉditions, 2015, p. 201-202.

Quelle que soit la nature des directives, des contraintes, des décisions, des risques ou des changements qui s'imposent, je suis convaincue que nous avons tous entre les mains le pouvoir de conserver la maîtrise des choses. De prendre une part, aussi infime soit-elle, de contrôle sur les événements. Même quand le vent nous fait face, nous pouvons continuer d'avancer, à notre façon. Selon notre propre rythme, en suivant notre cap et les valeurs qui nous guident.

Deux niveaux de négociation

Au travail, beaucoup de choses peuvent faire l'objet de négociation : ce candidat estime l'offre de salaire insuffisante ? On négocie ! Cet été, vous aimeriez prendre vos vacances en septembre ? Oui mais voilà, votre collègue avait elle aussi prévu d'aller cueillir les cèpes en montagne à cette même période. On négocie ! Votre client vous demande de baisser vos honoraires ? On négocie encore !

Le saviez-vous ?

Négocier, c'est tenter de résoudre un problème en présence d'intérêts divergents. La plupart du temps, ce ne sont pas les intérêts qui divergent, mais les positions adoptées pour les défendre. D'où la nécessité, avant d'imaginer des solutions acceptables pour les deux parties, d'identifier les besoins sous-jacents de vos interlocuteurs.

Négocier consiste à faire valoir ses positions. On pense parfois, à tort, que la négociation (de ressources ou de délais supplémentaires, par exemple) n'est réservée qu'aux managers. Ou aux personnes influentes. Ou, plus fâcheux, aux rebelles. Non, négociation ne rime pas avec rébellion.

Négocier est un art. L'art et le privilège des personnes responsables et, selon la terminologie empruntée à l'analyse transactionnelle, des personnes « Adultes », qu'elles exercent ou non une responsabilité managériale.

Négocier, c'est aussi respecter. Lorsque vous annoncez à votre chef, arguments à l'appui, qu'il vous sera impossible de rendre votre analyse dans une semaine, vous agissez en personne responsable : vous respectez l'autre, en lui expliquant la nature de vos contraintes, et vous-même, en décidant de ne pas vous mettre en surrégime.

Vous négociez donc à un double niveau : avec les autres, et avec vous-même. Dans ces moments-là, veillez à n'éprouver aucun sentiment de culpabilité. Il est crucial d'insister sur ce point, car pour les collaborateurs surmenés que nous sommes, dont la principale préoccupation (souhaitée ou non) consiste à répondre sur-le-champ aux demandes qui nous sont faites et à prendre soin du bien-être des autres avant le nôtre, il va s'agir de faire preuve d'un peu d'égoïsme. Se donner la permission, aussi au travail, d'imposer son propre tempo. Apprendre à dire non. « Mieux vaut un égoïste sympathique qu'un altruiste frustré[10] », note Marie Haddou dans son ouvrage *Halte au surmenage*.

À retenir

Nous avons tous le pouvoir de prendre la main :

- **sur des décisions qui ne nous appartiennent pas ;**
- **sur des changements par nature incontrôlables ;**
- **Sur des éléments que nous pensons ne pas pouvoir changer.**

Osez négocier ! On ne pourra que vous féliciter d'essayer de trouver des options « gagnant-gagnant ». Et vous vous sentirez certainement davantage en harmonie avec vous-même...

10 M. Haddou, *Halte au surmenage*, Éditions J'ai lu, collection « Bien-être », 2001, p. 123.

Définir son propre point B

Aujourd'hui, on ne demande plus simplement aux dirigeants d'une entreprise d'aller d'un point A à un point B. L'atteinte d'un point B, aussi ambitieux soit-il, ne suffit plus. Pour rester compétitif, la surproduction (ou la réduction des coûts) n'est plus de mise : afin de satisfaire le client, il s'agit d'accentuer sa différenciation, d'innover, de se remettre en question. En d'autres termes, de définir son propre point B, différent de celui des autres. Pour cela, il convient de balayer ses croyances limitantes... et de libérer son potentiel créatif.

Exercice

Voici quelques exemples de pensées qui agissent comme des barrières cérébrales et freinent l'action. À vous de les déjouer !

» « Je n'ai jamais été créatif et je ne le serai jamais. »
Qu'est-ce qui vous permet de l'affirmer ? Vous souvenez-vous d'une petite voix intérieure qui vous soufflait cela ? Renversez la tendance : dans quelle situation avez-vous fait preuve de créativité ?

» « Nos process ne nous laissent aucune marge de manœuvre. »
C'est-à-dire ? Qu'aimeriez-vous faire et qui vous semble impossible ? Tout en restant dans un cadre imparti, nous avons toujours la possibilité de jouer avec la ligne, aussi infime cette possibilité soit-elle. Trouvez une situation dans laquelle vous avez pris l'initiative de changer vos façons de faire tout en respectant les process. Comment votre action a-t-elle été accueillie ?

» « Dès que je sors des sentiers battus, je me fais tout le temps taper sur les doigts. »
Sur quels faits concrets vous basez-vous pour affirmer cela ? Est-ce vraiment aussi systématique que cela ? Prenez un exemple concret : si vous deviez le reproduire, comment vous y prendriez-vous ?

Qui cherche à créer son point B en libérant sa créativité doit passer du mode « pilote automatique » au mode « réflexion ». Le potentiel réflexif du cerveau tourne à plein régime pour peu que l'on sache se déconnecter, pour permettre à l'attention involontaire de se mobiliser.

Votre cerveau reposé, testez de nouvelles pistes ! Soit elles fonctionnent et vous aurez envie de les reproduire, soit elles s'avèrent bloquantes ou se concluent par un échec. Dans ce dernier cas, vous n'aurez aucun regret de les avoir tentées. Comme le soutenait le célèbre publicitaire Paul Arden, « celui qui ne se trompe jamais a peu de chances de réussir[11] ».

Construisez votre propre ambition, et partagez-la. En définissant votre point B, vous garderez la maîtrise sur les choses ! Et si vous vous trompez de voie, cela n'est sans doute pas si grave...

11 P. Arden, *Vous pouvez être ce que vous voulez être*, *op. cit.*, p. 50.

DANS CE CHAPITRE

Déjouer les pièges du parasitage et échapper au brouhaha ambiant

•

Gagner en efficacité en optimisant la gestion de ses messages électroniques

•

Intégrer le digital dans une démarche de bien-être au travail

Chapitre 4
Maîtriser l'infobésité

L'accroissement du volume d'informations, de communication et, *de facto*, de travail a favorisé l'apparition d'une profusion d'outils vantant une efficacité supérieure. Selon vous, combien de SMS viennent-ils d'être envoyés à travers le monde pendant que vous lisez cette phrase ? Deux millions[12] ! De même, saviez-vous qu'« au cours de la minute écoulée, l'équivalent de trois jours de contenu a été téléchargé sur YouTube[13] », comme le note non sans humour le psychologue du travail Tony Crabbe ? La surabondance d'informations fait désormais partie de notre paysage et tout l'enjeu consiste donc à apprendre à en maîtriser le flux, chacun à notre niveau.

Comment stopper ces « parasites grouillants » ? Réduire le flot d'e-mails qui se déverse seconde après seconde dans notre messagerie ? Et, de façon beaucoup plus générale, comment intégrer le numérique dans une stratégie de bien-être au travail ?

---

12 Source : ConsoGlobe.

13 T. Crabbe, *Plus jamais débordé ! op. cit.*, p. 18.

Stop au parasitage !

« Même si l'hyperconnexion procure un effet euphorisant à court terme, elle peut conduire à la dépression et à des troubles cognitifs sur le long terme[14] », nous avertit le psychologue du travail Tony Crabbe.

Le saviez-vous ?

Selon une étude menée par des chercheurs et professeurs de l'université de Californie, les employés de bureau jongleraient avec plusieurs tâches en même temps toutes les trois minutes en moyenne[15] !

Quelle gymnastique désagréable pour notre cerveau, contraint de s'adapter en permanence !

Afin de faire en sorte que les informations parasites glissent sur vous comme des gouttes d'eau sur une toile cirée, je vous recommande un exercice matinal imparable, qui part du constat que personne d'autre que vous sait ce que vous avez à accomplir dans la journée, et qui vous permettra de garder le contrôle en toutes circonstances.

Exercice

Pour bien démarrer votre journée, et savoir exactement ce qui vous attend, voici trois étapes indispensables :

Étape 1 : consultez votre agenda. Quels sont vos rendez-vous à ne pas rater ?

Étape 2 : jetez un œil à votre *to-do list*. Quelles sont les tâches les plus importantes (peu importe leur degré d'urgence) ?

Étape 3 : lisez vos e-mails archivés. Quels sont ceux qui nécessitent une action de votre part ?

Vous voici à présent plus au clair, vous pouvez commencer la journée avec un objectif en tête : essayer, dans la mesure du possible, de ne pas dévier de vos priorités !

---

14 *Ibid.*, p. 28.

15 Gl. Mark, V. Gonzalez et J. Harris, « No task left behind? Examining the nature of fragmented work », *Proceedings of the Conference on Human Factors in Computer Systems*, 2005, p. 321-330, cité par T. Crabbe, *op. cit.*, p. 29.

Chaque chose en son temps… et une chose à la fois

« On peut tout faire, mais pas tout à la fois. »

David Allen

Celui qui passe son temps au four et au moulin n'a aucune chance de gagner !

En effet, contrairement à ce que l'on peut penser, mener plusieurs tâches de front ne vous fera pas gagner de temps. Notre cerveau n'étant pas conçu pour être en permanence aux aguets, l'efficacité s'avère inversement proportionnelle à notre capacité à papillonner. Selon David Meyer, le professeur de psychologie à l'université du Michigan, le *multitasking* (c'est à-dire le fait d'accomplir plusieurs tâches à la fois) augmenterait le risque d'erreur de 40 %, ce qui est considérable. Plus étonnant encore, le *Chicago Tribune* a révélé en 2010, dans un article intitulé « Le *multitasking* nous rend idiots », les résultats d'une étude réalisée par l'Institut psychiatrique de Londres : passer d'une tâche électronique à l'autre entraînerait une baisse du quotient intellectuel (QI) encore plus importante que le fait de fumer du cannabis !

Le saviez-vous ?

On appelle *multitasking* le numéro de jonglerie permanent dans lequel sont entraînés les collaborateurs d'une organisation. D'après l'Association américaine de psychologie, il existe trois types de *multitasking* :

- Le premier, le plus fréquent, correspond à la réalisation de deux tâches en même temps.
- Le deuxième apparaît lorsqu'on interrompt une tâche en cours pour en effectuer une autre.
- Le troisième correspond à la réalisation de plusieurs tâches successives.

L'ennui est que le *multitasking* n'est pas guidé par la nécessité, mais par l'attrait de la nouveauté. Et à force de loucher sur notre smartphone en pleine réunion à chaque notification, nous finissons par devenir « accros » au *multitasking*, car le fait de sauter d'une activité à l'autre libère dans le cerveau une petite dose de dopamine. L'effet euphorisant est peut-être bien agréable à court terme, mais à plus longue échéance, la réponse est loin d'être évidente...

Essayez plutôt d'adopter de nouvelles habitudes. Par exemple, ne pas décrocher immédiatement votre téléphone lorsque vous êtes en train de finaliser votre présentation. Ou arrêter de naviguer d'écran en écran sur votre ordinateur.

Trucs et astuces

Voici quelques conseils pour n'être qu'à une chose à la fois.

» Désactivez vos notifications indiquant l'arrivée de nouveaux messages, sur votre messagerie électronique ou sur votre smartphone.

» Mettez votre téléphone sur mode silencieux. Mieux, sur mode « avion ». Et encore mieux : enfermez-le dans le tiroir de votre caisson !

» Cloîtrez-vous dans votre bureau (la chose se complique si vous travaillez en open space...) en ayant pris soin de scotcher un mot sur la porte : « Prière de ne pas déranger jusqu'à telle heure. »

Votre cortex préfrontal (cette petite zone située en avant du cerveau, lieu de la pensée, de l'analyse et de la créativité) vous en sera très reconnaissant !

Les secrets d'une bonne concentration

Entendez-vous résonner à vos oreilles ce petit bruit cristallin ? Il annonce une nouvelle notification... Cette dernière s'affiche en bas de votre écran d'ordinateur ou sur votre smartphone. Pas grave, vous dites-vous, car vous n'y jetez qu'un rapide coup d'œil. Erreur ! En procédant de la sorte, vous avez inévitablement été détourné de votre tâche en cours, et, donc, avez perdu en énergie (votre cerveau a dû se réadapter dans un laps de temps très court) et en efficacité.

Dans un environnement fait de sur-sollicitations, la concentration est tout un art !

Elle ne réside pas tant dans la capacité à fixer son attention sur une chose, un objet, une tâche à effectuer, un projet à ne pas lâcher, que dans ces deux aptitudes :

» **savoir choisir le bon sujet de concentration. Réfléchissez : n'êtes-vous pas en train de vous focaliser sur des détails ?**

» **savoir garder une vision globale qui dépasse le simple objet de son attention. Le fait de porter votre attention sur tel sujet vous rapproche-t-il ou, au contraire, vous éloigne-t-il de vos vrais objectifs ?**

Exemple

Isidore travaille au sein du service informatique d'une multinationale. Depuis peu, il guette les opportunités d'évolution. Son rêve ? Être promu chef de projet.

Le jour où une petite annonce arrive sur la boîte mail des collaborateurs de l'entreprise, une lumière brille dans les yeux des collègues d'Isidore : comme lui, ils comptent bien postuler !

Il passe alors plusieurs jours à étudier les stratégies potentielles de ses concurrents, à travailler les arguments qu'il va pouvoir mettre en avant pour être retenu, à tenter d'en dissuader certains, etc.

Pris dans le feu de l'action, à force de se centrer sur son nouvel objectif visant à surpasser ses concurrents, Isidore a presque oublié l'objet de sa quête, à tel point qu'il a laissé passer la date limite de réception des candidatures !

Mieux vaut donc dans bien des cas privilégier une vision d'hélicoptère qu'une focalisation trop précise. Mais submergé de sollicitations, notre cerveau est tenté de s'éparpiller sur tous ces détails qui polluent notre quotidien. Résultat, notre esprit vagabonde constamment, essayant de se fixer sur une multitude de sujets qui n'ont rien à voir les uns avec les autres.

Une bonne concentration passe par deux conditions :

» une réduction des activités ou des sollicitations. Comme vous n'avez pas obligatoirement la main sur les flux entrants, vous allez devoir les filtrer ;

» une régularité sans faille. Sur ce point, l'encadré ci-après vous offre l'exemple de Jack Dorsey, le patron de Twitter et de Square[16].

La méthode d'un grand patron

Jack Dorsey mène une vie réglée au dixième de millimètre ! Deux mots qui le guident chaque jour, sur lesquels il se concentre avec une rigueur sans faille : rituel et routine.

» Sa journée débute à 5 heures du matin, par un moment de méditation et de l'exercice physique.

» Il se consacre alors à l'élaboration d'une *to-do list* et d'une *won't-do list*, cette dernière lui offrant un « espace plus clair pour penser et travailler ».

» Il découpe ensuite sa journée en deux, une partie pour chacune de ses entreprises : le matin pour Twitter (avec quelques tasses de café), l'après-midi pour Square, avec une préférence pour le thé.

» Pour se rendre au travail, il opte systématiquement pour la marche, qu'il estime correspondre à du *clearing time*, c'est-à-dire du temps consacré à faire le vide en lui et à remettre ses idées au clair.

» Pour accroître sa concentration plusieurs heures d'affilée, il a opté pour un régime alimentaire composé d'un seul repas par jour et travaille en écoutant la radio. Récemment, il a fait une retraite dans un silence complet pendant dix jours, afin de commencer l'année la tête vide.

16 Source : « Jack Dorsey : la vie millimétrée du patron de Twitter et de Square », *Les Échos*, octobre 2018.

Le « *wash-out* » ou la tactique de l'isolement

Qu'il est doux de se couper du monde temporairement ! De s'offrir une parenthèse de temps à ne penser qu'à soi, à ce que l'on est en train de faire, à ce que l'on a *envie* de faire. Tout cela sans se laisser perturber par le brouhaha ambiant qui rôde insidieusement et bouscule nos lignes de conduite.

Pour garder la maîtrise de votre agenda et rester concentré sur vos priorités, éloignez les sources de dispersion.

Exercice

Tentez l'expérience d'une journée sans élément perturbateur :

» sans notification ;

» sans rendez-vous ;

» sans réunion ;

» sans téléphone ;

» sans trouble-fête.

Certains sont très vigilants et sélectionnent les personnes avec qui collaborer. Ils choisissent délibérément de ne côtoyer que des individus équilibrés et optimistes, de façon à ne pas se laisser perturber par des rabat-joie qui les solliciteraient à longueur de journée, ou les pollueraient avec des attitudes et des pensées négatives.

Mais même si nous sommes bien entourés, un *wash-out* ponctuel peut s'avérer nécessaire. Emprunté au domaine médical (dans un essai clinique, le *wash-out* correspond à la période de « lavage » pendant laquelle le patient ne prend aucun médicament pharmacologiquement actif), le *wash-out* n'est ni plus ni moins qu'un moment d'isolement social, nécessaire au rechargement de nos batteries.

La notion de *wash-out* s'applique donc aux relations avec les collègues de travail, mais surtout aux rapports que l'on entretient avec les outils numériques ! Pour retrouver un certain bien-être mental, rendons-nous à l'évidence ; nous n'avons pas d'autre choix que de remettre le numérique à sa juste place : le digital est à notre service, pas l'inverse !

À retenir

Un *wash-out* ponctuel offre les bienfaits ci-dessous :

- **Se recentrer sur ce qui est réellement important pour soi.**
- **Apaiser les tensions.**
- **Permettre au cerveau de se régénérer.**
- **Tourner son regard vers soi et évaluer dans quelle mesure il convient de changer soi-même plutôt que de vouloir à tout prix faire bouger les autres.**
- **Pouvoir méditer en toute tranquillité.**

Attention toutefois à ne pas rester isolé trop longtemps : une étude menée en 2010[17] a en effet démontré que le fait de passer trop de temps sans relations sociales s'avérerait aussi dangereux que de fumer quinze cigarettes par jour !

Imposer son propre tempo

Vous le savez, il est très délicat de faire barrage à certaines demandes, de zapper volontairement certaines informations, de ne pas se jeter sur certains mails. Malheureusement, ce n'est pas en bloquant les notifications que les mails s'arrêteront de tomber. Ou en désactivant votre messagerie téléphonique que les appels cesseront. Il faut se rendre à l'évidence, nous n'avons que peu de maîtrise sur le flux d'impératifs auxquels nous sommes soumis. Les contraintes existent, il faut faire avec celles-ci.

La meilleure façon de ne pas se laisser bousculer par des événements externes consiste à imposer son propre tempo.

De quel droit les expéditeurs des mails dont vous êtes destinataire vous fixent-ils toujours des délais intenables ? Combien de temps allez-vous continuer à suivre le rythme effréné que l'on vous

17 Source : « Social Relationships and Mortality Risk: A Meta-analytic Review », 2010, https://doi.org/10.1371/journal.pmed.1000316.

impose ? Il existe en effet une différence entre le fait de donner un coup de collier de temps en temps et celui de travailler constamment dans l'urgence, de tout survoler et de n'être finalement très performant nulle part.

À retenir

Pour mettre les autres au diapason, il convient :

» **de définir clairement vos objectifs ;**

» **de vous demander si ce que l'on vous demande sert ou non vos objectifs ;**

» **d'imposer votre rythme de réponse.**

La rapidité ne constitue pas à elle seule un critère de performance ou d'efficacité. « Il ne faut pas confondre vitesse et précipitation », dit l'adage. Alors mieux vaut perdre un peu de temps pour miser sur la qualité, vérifier vos analyses, par exemple, plutôt que de fournir un travail bâclé nécessitant par la suite de procéder à de nombreuses corrections ou, pire, de complètement rectifier le tir.

De même, il convient d'éviter de faire de fausses promesses. Dire « oui » à un projet que vous n'êtes pas sûr de pouvoir tenir à cent pour cent (par manque de temps ou de ressources financières, par exemple) peut vous décrédibiliser. On risque de ne plus vous faire confiance pour d'autres missions.

À retenir

Une personne qui s'engage est une personne responsable. Être responsable signifie répondre aux demandes exprimées et garantir les résultats auprès de vos clients, de votre hiérarchie, de vos collègues.

Inutile d'affirmer, par exemple, que vous êtes prêt à faire une présentation dès le lendemain matin, si vous n'avez pas pris le temps de collecter l'ensemble des données nécessaires au préalable.

De même, abstenez-vous d'annoncer à un client que son chantier sera terminé à la fin du mois, si vous n'avez pas vérifié la disponibilité des matériaux permettant de le finaliser dans des délais requis.

Une personne responsable ne se laisse pas dicter son activité et son rythme de travail par les autres. Elle sait mettre les limites et refuse que l'on tire les ficelles à sa place. Une telle personne, parce qu'elle a confiance en elle et en ses capacités, impose le respect aux interlocuteurs.

Intégrer le digital dans une démarche de bien-être au travail

« L'informatique est géniale : les e-mails, même si vous n'y répondez pas, ça ne prend pas de place. »

Alain Rémond

Le digital, omniprésent, est devenu une variable incontournable de notre environnement professionnel. Alors autant composer avec lui ! D'autant que l'informatisation des process et de la communication ouvre des potentialités intéressantes en matière d'organisation et de gestion de la charge de travail. L'agenda électronique, par exemple, offre la possibilité de noter en une seule fois toutes les informations grâce à la synchronisation, de classer ses dossiers, d'enregistrer des rappels avant un rendez-vous ou de partager ses tâches avec son entourage. Autre exemple, le PDA (ou *Personal Digital Assistant*), intégré ou non à un smartphone : c'est un véritable outil de pilotage qui tient... dans votre poche !

Comment tirer parti de toutes les potentialités du digital, et notamment des messages électroniques ? Plus largement, comment utiliser la technologie plutôt que de la subir ? Peut-on en faire un outil au service du bien-être au travail ?

Burn-out numérique ?

Avez-vous remarqué ? Plus vous envoyez d'e-mails, plus vous en recevez ! Ce phénomène d'effet boule de neige mérite sans doute quelques instants de réflexion.

Êtes-vous convaincu de l'utilité de tous les messages que vous envoyez ? Quel but poursuivent-ils ? S'agit-il d'informer vos interlocuteurs ? De communiquer autour d'une thématique particulière ? De leur demander de réaliser une action ? De prouver à votre entourage que vous abattez un travail considérable ? Dans combien de mails reçus apparaissez-vous en copie, alors même que le sujet de ces messages ne vous concerne absolument pas ?

Si l'on n'y prend pas garde, le numérique peut vite devenir un déclencheur de surmenage. En effet, il ne fait qu'amplifier, en les multipliant de façon exponentielle, les interactions possibles entre individus.

Exemple

Prenez deux individus : il existe entre ces deux personnes un seul canal de communication.

Ajoutez à présent un individu : le nombre de canaux de communication possibles passe à trois.

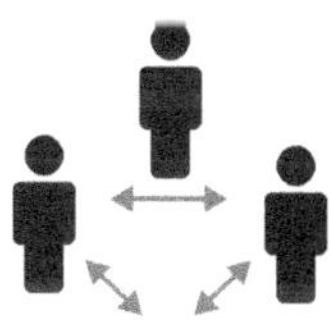

Ajoutez encore une personne et le nombre de relations possibles passe à six.

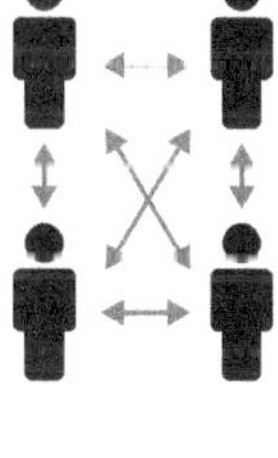

À partir de cinq personnes, on double le nombre de canaux de communication.

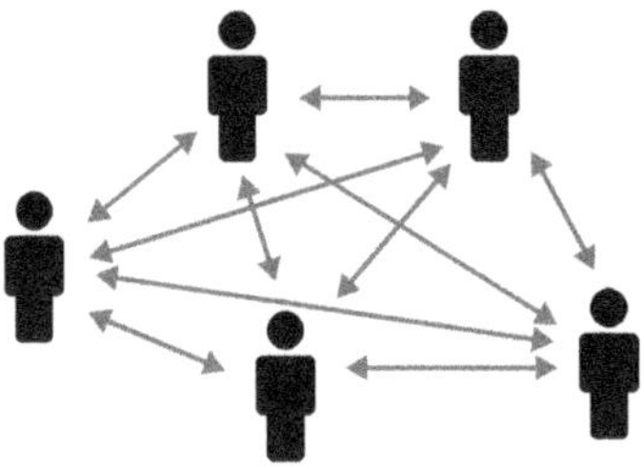

Ces interactions qui croissent de façon non proportionnelle contribuent à faire de nous des victimes de la sur-sollicitation et du *multitasking*, nous plongeant, de façon plus ou moins consciente, dans une course effrénée contre la montre. Une course digne d'un numéro de haute voltige, ayant pour seule échappatoire... la suractivité et le surmenage !

Le saviez-vous ?

En 2018, le cabinet Conseil Roland Berger, en collaboration avec @FlashTweet et @IntFem, a fait de la question suivante l'objet d'une étude d'envergure : « Le digital, allié ou ennemi de la charge mentale ? » Quelques semaines après son lancement, les premières tendances ont émergé : près de 60 % des répondants considéraient que le digital était susceptible de réduire la charge mentale.

Les avis sont donc extrêmement mitigés. Lors de mes conférences sur le sujet du rapport entre digital et charge mentale, je me suis également aperçue que les réponses sont loin d'être univoques.

D'un côté, on déplore que la vague du numérique nous fasse surfer sur des tâches et des relations futiles qui nous distraient, sans pour autant nous rassasier. Nous perdons toute notion d'engagement profond. Et nous voulons toujours plus. Toujours plus d'informations, toujours plus de demandes. Mais ce « toujours plus » ne nous satisfait pas davantage...

D'un autre côté, on reconnaît que si on l'utilise avec parcimonie et à bon escient, en maîtrisant autant que faire se peut le flux d'informations entrant, le digital est susceptible de constituer un moyen de simplification très pertinent.

La méthode CAP

L'écueil consisterait à considérer la gestion de nos messages électroniques comme notre mission principale, tant ces derniers embolisent notre quotidien. Pour reléguer l'organisation de nos e-mails au second plan, il convient de reprendre la main... sur notre boîte aux lettres !

Pour ce faire, je vais m'appuyer sur une méthode très simple et plutôt radicale, présentée par l'experte de la gestion du temps, Pascale Bélorgey, dans son ouvrage *La Boîte à outils de la gestion du temps*[18]. Il s'agit de la méthode CAP.

	Nature du traitement
C	Classement
A	Action
P	Poubelle

Durée du traitement
Challenge à relever → Réponse inférieure à deux minutes
À régler dans la journée → Réponse supérieure à deux minutes et message urgent
À positionner dans l'agenda (ou sur sa *to-do list*) → Réponse supérieure à deux minutes et message non urgent

Cette méthode, fondée sur trois lettres représentant trois types d'actions, vous permettra de traiter vos messages selon deux paramètres : d'une part, la nature du traitement des messages reçus (qui dépend de sa finalité) et, d'autre part, la durée du traitement des messages.

18 P. Bélorgey, *La Boîte à outils de la gestion du temps*, op. cit.

Exercice

Plusieurs fois par jour, vous pouvez procéder à un exercice « CAP ».

Classez méthodiquement, dans des dossiers et sous-dossiers, les mails qui ne requièrent aucune action immédiate de votre part, mais que vous souhaitez conserver en archives. Attention à ne pas conserver pour conserver, sous prétexte que ces mails « pourront toujours servir ».

Gérer (**A**ction) les mails qui nécessitent un traitement de votre part, en laissant les mails non traités encore dans votre « boîte de réception ». Il est possible, par exemple, de marquer d'un drapeau les mails importants (mais non urgents) qui impliqueront un travail de fond.

Mettez à la **P**oubelle les mails indésirables (publicités, spams, mails dont vous êtes en copie alors qu'ils ne vous sont pas destinés, ou que vous jugez inutiles).

Une fois ce premier tri effectué, il vous restera à arbitrer les priorités au sein des messages restants et à attribuer à chacun (à chaque groupe de messages) une méthode de travail en fonction du temps de traitement estimé.

Alors, cap ou pas cap ?

Réguler les urgences

Comme nous l'avons vu dans le chapitre 2, les actions urgentes sont rarement importantes, et les actions importantes rarement urgentes. Ceci étant posé, il n'en demeure pas moins qu'on vous demande souvent d'accomplir une tâche instantanément ou de réaliser des présentations du jour au lendemain. Et quand c'est le grand patron qui vous le demande, vous vous voyez mal refuser... Il faut en effet savoir donner un coup de collier de temps à autre, tout en gardant la maîtrise de son agenda.

La première chose à faire consiste à définir, dès les premières heures de la matinée, l'action la plus importante sur laquelle vous devez (ou vous avez envie de) travailler. Mettez-vous à la tâche dès votre arrivée. Tentez de vous tenir à cette bonne résolution et de ne pas vous laisser importuner. Pour une concentration optimale, enfermez-vous, attendez au moins une heure avant de consulter votre messagerie.

Ensuite, posez-vous systématiquement la question suivante : est-ce que ce mail nécessite ou pas une action (ou une réponse) de ma part ? La réponse est binaire : oui ou non. Selon le cas, plusieurs options s'offrent à vous.

Figure 4-1

Répondre aux mails

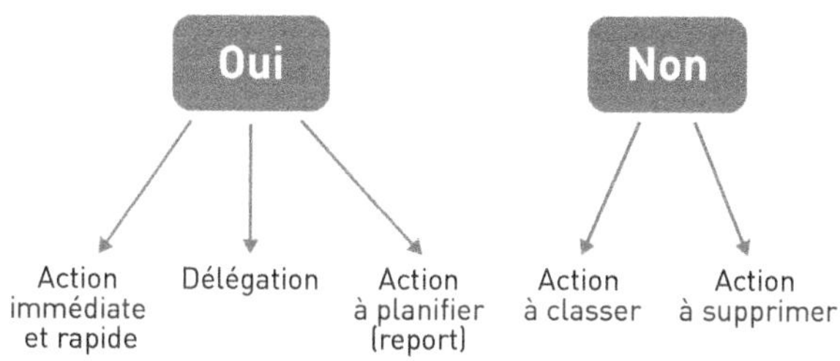

Enfin, marquez un temps d'arrêt pour prendre un peu de recul : qui a dit qu'un mail impliquait une réponse immédiate ? Que se passerait-il si vous ne consultiez vos mails que trois ou quatre fois par jour ? Vous en tiendrait-on rigueur ? Manqueriez-vous des opportunités professionnelles ? Probablement pas.

Nous l'avons vu, le cerveau n'est pas fait pour aller d'une tâche à une autre, d'un mail à un autre. La performance est directement proportionnelle à notre capacité de concentration. Le cerveau aime que les activités soient rangées : une seule chose à la fois.

Trucs et astuces

Réservez des plages complètes au traitement de certains dossiers, plutôt que de jongler en permanence et de saucissonner votre temps en « micro-tranches », selon l'expression du psychologue du travail Tony Crabbe.

De même, plutôt que d'être en permanence dérangé par les sonneries signalant l'arrivée de messages et de les consulter à tout bout de champ, une solution pourrait consister à consulter vos mails par blocs. Selon une fréquence que vous déterminerez. En la matière, il n'y a pas vraiment de règle : libre à chacun de s'organiser comme il le souhaite.

» **Prenez vos mails dans l'ordre d'arrivée, les plus anciens d'abord, de manière à vous assurer de ne laisser sous la pile aucun mail important non traité.**

» **Répartissez-les par blocs de dix ou vingt, par exemple.**

» **Traitez-les dans des plages de temps que vous aurez préalablement fixées : une, deux, trois ou quatre fois par jour, selon le rythme qui vous convient.**

En procédant de la sorte, vous reprendrez la main sur toutes ces notifications qui vous polluent l'esprit. Testez !

Partie 2

Viser l'efficacité et la productivité (mais pas la production !)

Dans cette partie...

Nous entrons au cœur du sujet : l'organisation au travail. Elle est liée à deux notions, l'efficacité et la productivité, sous-tendues par une logique commune : générer le maximum avec une mise de départ la plus réduite possible.
Organisation et efficacité vont de pair, là est sans doute la raison pour laquelle, face à un collaborateur débordé, on a tendance à pointer du doigt un manque d'organisation, un manque d'efficacité ou de ressources (sous-entendant paradoxalement une productivité déficiente).
Comment faire plus avec moins, comment prendre des décisions efficaces, développer des méthodes de travail collaboratives et organisées, gérer efficacement ses relations au travail : telles sont les principales questions abordées dans cette seconde partie.

DANS CE CHAPITRE

Identifier les actions génératrices de résultat et développer le réflexe du retour sur investissement

•

Viser l'optimisation en capitalisant sur ses talents

•

Savoir faire la part des choses entre le poids de la routine et les écarts par rapport à sa zone de confort

Chapitre 5
Déployer peu d'efforts, pour une efficacité maximale

Quand nous sommes surmenés, nous ressentons la désagréable impression de devoir déplacer des montagnes. De devoir gravir des sommets (dont nous nous imposons souvent nous-mêmes la hauteur...) toujours plus élevés. Et de nous épuiser dans un travail de titan. Nous en faisons toujours plus. Stopper ? Hors de question, cela nous ferait perdre du temps ! Nous continuons à foncer, tête baissée, déployant des efforts surhumains pour satisfaire aux exigences que nous nous fixons et aux besoins de notre entourage.

Mais la suractivité et la surproduction ne constituent pas une solution. En effet, un effort trop soutenu, sur une trop longue période, finit par effacer tout le plaisir que nous trouvons à réaliser nos actions du quotidien. À trop forcer, nous ne profitons plus de rien. Et nous savons aujourd'hui à quel point la performance repose sur la notion de plaisir...

S'il suffisait de choisir les bonnes actions, les meilleures ressources, pour arriver au même résultat ? Et peut-être même à un résultat supérieur ?

La stratégie du point de bascule et le retour sur investissement

Savoir se concentrer sur ce qui a le plus d'effet, tel est l'objet de cette section. Faire de petits paris, pas trop risqués ni trop engageants, peut rapporter énormément. Tout est question de retour sur investissement : à quel moment nos efforts s'avèrent-ils payants ? À partir de quel moment nos investissements commencent-ils à devenir rentables ? À quel stade l'acquisition de nouvelles compétences influe-t-elle positivement sur l'activité ?

Ces questions semblent couler de source, mais lorsque nous ne savons plus où donner de la tête, nous ne prenons pas le temps de nous les poser. Et nous fonçons, tête baissée, sur les choses qui n'en valent pas forcément la peine...

Quand de petits riens peuvent produire de grandes choses

Imaginez un jeu de domino : un léger impact sur la première pièce fait tomber en rafale les suivantes.

Ce phénomène est la parfaite illustration de l'effet boule de neige : des changements mineurs peuvent produire un maximum d'effet. Sans vouloir insister sur la crise sanitaire qui nous a tous mobilisés, rappelons que l'épidémie fonctionne selon ce principe : « Lorsqu'un virus se répand dans une population, il se multiplie de façon aussi impressionnante qu'augmente l'épaisseur d'une feuille de papier pliée cinquante fois. [...] Nous devons nous préparer au fait que les grands changements sont parfois issus de petits événements et qu'ils peuvent se produire très rapidement[19] », note le journaliste au *New Yorker* Malcolm Gladwell.

---

19 M. Gladwell, *Le Point de bascule. Comment faire une grande différence avec de très petites choses*, Éditions Clés des Champs, 2016, p. 16.

Le saviez-vous ?

Dans le monde du travail, les opérations susceptibles de produire un phénomène de bascule portent un nom : les *quick wins*. Nouvelle terminologie très en vogue, un *quick win* désigne une petite mesure simple à mettre en place mais qui produit des résultats significatifs au sein d'une organisation.

Parce qu'ils ne nécessitent que très peu d'efforts et de moyens à mettre en place (financiers, humains, matériels, en énergie, en compétences, en matériel, etc.), et que leurs risques en cas d'échec sont limités, les *quick wins* sont extrêmement rentables. En situation de surmenage, de multiplicité de projets à mener de front, quand la nécessité du « toujours plus » l'emporte sur le « toujours mieux », un *quick win* représente une véritable roue de secours. En effet, lorsque l'on constate que les actions engagées produisent de réels effets, le moral des troupes remonte ! Quel meilleur moyen de prendre conscience de l'efficacité de nos actions ?

Plutôt que de vouloir tout traiter de façon simultanée, posez-vous quelques instants pour identifier un *quick win* : effet garanti !

Privilégier la différenciation par rapport à la production

> « ***Trouvez les points forts de votre produit ou de votre prestation et grossissez-les, comme un caricaturiste exagère les traits d'un visage[20].*** »
>
> Paul Arden

Dans un monde de surproduction, de surconsommation, de sur-communication, de sur-connexion, il existe deux façons de maintenir ou d'accroître sa compétitivité :

» **Augmenter sa production (et/ou réduire ses dépenses).**

» **Accentuer la différenciation de ses produits.**

---

20 P. Arden, *Vous pouvez être ce que vous voulez être*, *op. cit.*, p. 34.

Produire toujours plus, toujours plus vite, pour toujours plus de clients internes ou externes, sans prendre le temps de réfléchir à des alternatives plus efficaces ou plus créatives, vous conduira tôt ou tard à l'échec ou à l'atteinte du point de *too much* (voir chapitre 1).

La différenciation permet d'obtenir de bien meilleurs résultats. Pour aborder ce concept de différenciation, un détour par le marketing s'impose...

La différenciation, pierre angulaire de tout positionnement marketing

Le positionnement reflète la place consacrée à un produit ou à un service par un client, définie par ce dernier en fonction d'éléments conscients et inconscients. Tout positionnement se doit de mettre en avant une différence perçue par rapport aux produits concurrents ou à venir. Le positionnement tient donc compte non seulement des caractéristiques du produit, mais également de la position des concurrents et de la structure du marché.

Exemple

Illustrons cette notion avec un exemple pris dans le domaine de la grande consommation : un shampooing traitant censé rendre vos cheveux brillants. Son positionnement marketing pourrait être le suivant :

Je suis le shampooing X,

Qui apporte à vos cheveux une brillance incomparable (différence en termes de caractéristiques produit),

Parce que je suis élaboré à partir de composants révolutionnaires (différence basée sur la technologie).

Donc, si vous m'utilisez une fois par semaine, en complément de votre shampooing actuel, je vous garantis une chevelure d'une brillance durable dans le temps (promesse produit).

Un positionnement répond à quatre questions clés, derrière lesquelles se cachent des arguments différenciants. Il va sans dire que le consommateur achètera le produit qu'il préfère. Et qui dit préférence dit différence.

Dans le domaine du travail, le raisonnement est identique : plutôt que de valoriser la tonne de dossiers traités, mettez en avant vos différences, de façon à susciter l'intérêt de vos interlocuteurs. Vos sources de différenciation sont variées : votre différence pourra être perçue à travers votre ambition, votre style de management, une compétence spécifique, un savoir-faire qui n'appartient qu'à vous, etc.

Pas trop de zèle

Pour marquer notre territoire, nous présentons la fâcheuse tendance à en faire toujours plus. Pourtant, ce n'est pas parce que vous allez chercher à accroître systématiquement vos responsabilités pour mieux briller, travailler sur toujours plus de projets pour donner l'impression d'être absolument incontournable, ou encore vous « vendre » auprès de personnes influentes pour avoir la sensation d'exister, que vous serez forcément bien vu.

À retenir

Les excès de zèle peuvent se retourner contre vous pour diverses raisons.

- » Quand vous vous comportez en collaborateur zélé, votre chef peut avoir la sensation que vous désirez devenir calife à la place du calife, ce qui risque de susciter chez lui de la crainte.
- » Plus vous prenez de responsabilités, plus vous vous exposez et plus vous prenez le risque de vous « planter ». Êtes-vous sûr qu'il existe une relation de cause à effet entre la quantité de travail délivrée et l'appréciation de fin d'année ?
- » Vous risquez de vous aigrir, dans la mesure où un décalage naîtra inévitablement entre, d'une part, la perception de votre contribution et, d'autre part, la rétribution de l'entreprise (signes de reconnaissance au sens large).
- » Enfin, vous prenez le risque d'être mal vu par vos collègues.

Les risques d'un investissement trop soutenu sont nombreux[21]. Éviter le débordement, cela commence très logiquement par le fait de ne pas ajouter de dossiers inutiles dans sa bannette !

Miser sur ses atouts

À première vue, efficacité rime avec maîtrise, voire expertise. Dans la plupart des cas, cela se vérifie. En effet, plus on capitalise sur ses points forts, plus on se concentre sur ce que l'on sait le mieux faire, plus on avance vite et plus on a de chances de sortir rapidement la tête de l'eau.

Au travail, quelles qualités vous reconnaît-on spontanément ? Avez-vous un talent, c'est-à-dire une compétence mobilisable sans effort, dont vous êtes à peu près sûr qu'il vous conduira droit au succès ?

Allez, cherchez un peu ! Vous êtes plein de ressources ! Pétri de qualités !

Dans les moments de doute, revenez toujours à vos talents. Chassez les pensées limitantes qui vous engluent et vous empêchent d'aller de l'avant.

Soyez honnête avec vous-même et avec les autres : sachez dire quand vous ne savez pas. Admettre une incapacité ne remettra jamais en question vos qualités, bien au contraire... Enfin, ne craignez pas d'échouer. En effet, qui dit efficacité dit aussi échec. Eh oui ! Tirer les leçons de ses échecs, rien de plus formateur pour prendre le meilleur chemin par la suite.

---

21 L. Bourgeois, *13 trucs infaillibles pour être bien vu en entreprise. Souriez, vous êtes évalué !* Éditions Eyrolles, 2013, p. 64.

Révéler ses talents

*« Le talent génère l'énergie…
qui génère à son tour la confiance[22]. »*

Edgar Grospiron

Il suffit que votre chef vous déstabilise, que votre plus gros client réponde soudainement aux abonnés absents, que votre patron oublie de vous féliciter, pour que votre muscle de la confiance fonde comme neige au soleil.

Exercice

Voici un exercice en deux étapes, tout simple, qui devrait vous permettre d'ancrer dans votre esprit tout votre potentiel. À réaliser seul, ou bien en sollicitant l'avis de personnes qui vous connaissent bien (la perception des autres aide souvent à mieux se connaître).

Première étape : répondez à trois questions clés.

1. Que considérez-vous savoir bien faire, avec facilité et aisance ?

2. Parmi ces actions ou activités, lesquelles vous procurent-elles du plaisir et de la satisfaction ?

3. Disposez-vous d'autres facilités que les autres vous reconnaissent spontanément ?

Deuxième étape : renforcez l'expression de vos talents au quotidien.

1. Quels sont vos talents les plus utiles dans votre fonction, avec vos collègues, vos clients, vos fournisseurs

2. De quelle façon les exprimez-vous ?

3. Comment pourriez-vous les exploiter davantage ? Évacuez la petite voix intérieure qui vous murmure : « J'en suis bien incapable ! », « Que vont penser les autres ? », etc.

---

22. E. Grospiron, *Quand on rêve le monde…*, Altal Éditions, 2006, p. 195.

« Lorsque l'on ne connaît pas ses forces, on ne sait pas sur quoi s'appuyer. Cela engendre des doutes, parfois bénins, parfois destructeurs, et nous enrôle dans une spirale d'échec inéluctable. [...] L'objectif est de savoir localiser ce qu'on identifie comme talent et de s'appuyer dessus[23] », note le coach et ancien champion olympique Edgar Grospiron.

Ainsi, lorsque le doute vous assaille, revenir sur ses points forts est capital afin de regonfler l'estime de soi.

Trucs et astuces

Capitalisez toujours sur vos points forts. On n'est jamais « trop de quelque chose », mais « pas assez d'autre chose », soulignent certains consultants en management[24].

Pensez à rééquilibrer votre curseur !

Figure 5-1

Points forts et points faibles

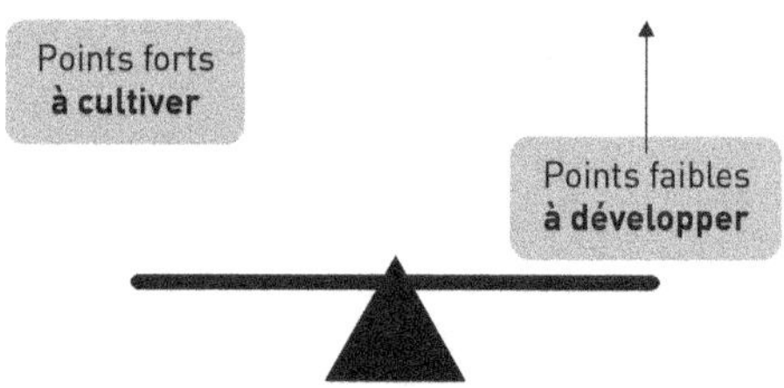

Par exemple, si à peine arrivé au bureau, vous avez déjà finalisé le compte rendu de la réunion de la veille, pris vos rendez-vous et échangé avec votre collègue sur le contenu du groupe de travail qui a lieu dans l'après-midi, les faits parlent d'eux-mêmes : vous avez des qualités d'organisation indéniables, que vous gagnerez à les exploiter durablement. De même, quand les horaires des réunions changent toutes les deux minutes, vous imposant de re-convoquer

23 *Ibid.*, p. 203.

24 Notamment le cabinet de conseil CRECI.

quinze personnes pour la énième fois, nul ne saurait remettre en cause votre adaptabilité à toute épreuve.

Peut-être allez-vous devoir travailler d'autres qualités, comportements et compétences, comme, peut-être, votre affirmation de vous, votre capacité à prendre du recul, etc.

Tout est question d'équilibre : si vous réussissez à positionner correctement le curseur, vous gagnerez en stabilité.

Faire bien du premier coup… en s'octroyant le droit à l'erreur !

Quand nous sommes en surcharge physique ou mentale, nous privilégions, de façon tout à fait inconsciente, le mode « pilote automatique ». L'objectif ? Abattre une masse de travail considérable. Quand nous sommes en mode automatique, nous ne réfléchissons pas, ou plus.

Le saviez-vous ?

Il existe deux systèmes mentaux :

» **le mode automatique :** ce mode-là est inconscient, fluide, facile, intuitif et rapide ;

» **le mode réflexif :** ce mode-là est conscient, dissocié, difficile, réfléchi et plus lent.

Elles sont nombreuses, les heures durant lesquelles nous n'actionnons pas, ou plus, le mode réflexif… Nous courons dans tous les sens tels des robots, pour nous apercevoir que notre chemin ne nous a pas vraiment conduits là où nous le souhaitions. Il nous a fallu rectifier le tir, quand ce n'est pas tout devoir reprendre depuis le début… Un parcours plus réfléchi et plus original aurait pu être trouvé. Mais, pour cela, il y a deux conditions :

» **Ne pas craindre l'originalité.** Parfois, il fait bon aller à contre-courant, en faisant le contraire de ce qu'exigerait la logique ou la répétition des habitudes. Lisez ce conseil du publicitaire américain Paul Arden :

« Pendant trente ans, j'en ai vu défiler, des maquettes sans âme dessinées au feutre sur du papier. D'accord, la simplicité aide à rester concentré sur l'idée directrice, mais elle donne parfois des maquettes bien ternes. Pensez donc à l'aquarelle, au fusain, au crayon, au stylo-plume avec de la vraie encre. Utilisez des peintures et des pinceaux de décoration. Essayez tout ce qui vous passe par la tête. Ce n'est pas une solution en soi, mais ça peut vous ouvrir des pistes. En plus, c'est amusant[25]. »

» **Ne pas sanctionner l'erreur.** Guidées par un souci de différenciation de plus en plus fort, les organisations poussent à la mise en place d'idées créatives et de façons de faire originales. Cette prise de risque va de pair avec la nécessité d'accepter que l'on puisse se tromper, et de reconnaître, voire de valoriser, l'échec.

Halte aux croyances limitantes

« Le seul endroit où vos rêves sont impossibles, c'est dans votre tête. »

Robert Schuller

Quoi de plus intéressant qu'un bourdon pour introduire la notion de croyances limitantes ? Un bourdon ? Parfaitement ! Les chercheurs se sont demandé par quel mystère, avec ses petites pattes velues, son gros corps rond sans aucune caractéristique aérodynamique, et ses petites ailes dont le rythme de battement est loin d'être le plus rapide, cet insecte parvenait à voler. Pour le président de la société de conseil Edifia, Hervé Gougeon, la réponse est claire : « Si le bourdon vole, c'est parce qu'il ne sait pas lire : un bourdon n'a jamais lu aucun rapport de scientifiques expliquant sa soi-disant inaptitude à voler » ; par conséquent, « si le bourdon réussit à voler, c'est parce qu'il n'a aucun *a priori* négatif sur lui-même. [...] Le bourdon vole parce qu'il est sans préjugé[26]. »

---

25 P. Arden, *Vous pouvez être ce que vous voulez être*, *op. cit.*, p. 82-83.
26 H. Gougeon, *Un bourdon sur les chemins de la réussite*, Éditions du Bourdon, 2014.

Le saviez-vous ?

Une croyance limitante correspond à un préjugé, c'est-à-dire quelque chose :

- que l'on croit ;
- que l'on n'a jamais vérifié ni tenté de démontrer ;
- mais que l'on considère comme une vérité absolue ;
- et que l'on ne remet pas en cause.

Soyez attentif au phénomène : lorsque vous vous sentez débordé, il est capital de disposer d'un champ d'action hors limites.

Or, de façon consciente ou non, nous nous fixons souvent des barrières : « Ma mère était désorganisée au possible, je suis brouillon, c'est normal », ou encore : « À quoi bon essayer ? Je n'y arriverai pas. » Il est évident que de telles limites freinent votre passage à l'action. Le plus grave, c'est que « lorsqu'on a un préjugé, il finit toujours par se réaliser[27] ». Pourquoi ? Parce que les *a priori* finissent toujours par former un système de croyances très ancrées.

Exercice

Voyons, par le biais d'un exercice, comment renverser la tendance.

Étape 1 : citez ou notez une croyance limitante qui rôde dans votre esprit. Par exemple : « Je suis nulle en ... parce que... »

Étape 2 : à présent, renversez cette phrase. « Je suis parfaitement à l'aise en... parce que... »

Étape 3 : lisez-la plusieurs fois de suite. Que ressentez-vous ? Est-ce qu'une petite flamme se rallume en vous, vous indiquant que vous disposez de tout le potentiel pour y arriver ? Ou, au contraire, êtes-vous en proie à un conflit interne dans lequel vous vous battez ardûment ?

Jusqu'à quel point vos croyances limitantes sont-elles fondées ? Quels *a priori* négatifs entretenez-vous sur vous-même ? Dans

27 *Ibid.*

quels domaines de compétences ? Quels sont les freins qui vous empêchent d'avancer ? De vous organiser correctement ?

Une fois que vous les aurez identifiés, lancez-vous ! Vous entraînerez ainsi votre cerveau à acquérir de nouveaux réflexes sur des territoires jusqu'alors inconnus. Voilà un bon moyen de l'oxygéner !

Savoir dire « je ne sais pas »

« Ceux qui ont raison sont des gens englués dans le passé, des gens ternes et suffisants, à l'esprit rigide[28] », prétendait le célèbre publicitaire Paul Arden.

Qui d'entre nous n'a-t-il jamais fait mine d'acquiescer alors qu'il ne comprenait pas un mot de ce qui était en train de se dire ? Qui n'a jamais hésité avant de lever la main pour demander de clarifier un propos ?

Plutôt que d'admettre de temps à autre que nous ne savons pas, nous bâtissons des plans dans notre coin, dressons des hypothèses, échafaudons des suppositions et, bien souvent, force est de constater que nous partons dans la mauvaise direction. Finalement, nous perdons du temps, de l'énergie et ratons notre cible. Rien de moins efficace. Si, à notre volonté de tout savoir sur tout, de tout maîtriser à la perfection, nous décidions de préférer l'humilité ?

Le saviez-vous ?

Le mot « humilité » vient du latin *humilitas*, dérivé de *humus*, signifiant « terre ». Être humble, c'est avoir le nez près du sol. C'est se considérer comme un individu « terre à terre », qui se voit de façon réaliste. « L'humilité n'est pas une qualité innée chez les humains ; il est communément considéré qu'elle s'acquiert avec le temps, le vécu, et qu'elle va de pair avec une maturité affective ou spirituelle[29]. »

On ne vous demandera jamais de tout connaître. Ne craignez donc pas de vous tromper. Même les collaborateurs les plus performants

28 P. Arden., *Vous pouvez être ce que vous voulez être*, *op. cit.*, p. 55.

29 Source : Wikipédia, « Humilité », mise à jour janvier 2020.

commettent des erreurs : le « zéro défaut, zéro faute » n'existe pas. De plus, on apprend toujours, non seulement de ses réussites (qu'est-ce qui a fonctionné et que je vais pouvoir reproduire ?), mais aussi de ses échecs (quelles difficultés n'avais-je pas anticipées et comment les éviter la prochaine fois ?).

Ne restez pas avec vos non-dits et vos attentes insatisfaites. D'expérience, le « je ne sais pas » n'a jamais constitué une cause réelle et sérieuse de licenciement ! Au contraire, il témoigne d'une volonté de comprendre, d'aller plus loin, et est le reflet d'un certain engagement.

Alors osez mettre le nez dans l'*humus* !

Surfer sur la routine

Dans un monde professionnel où l'on valorise la créativité à tout crin, où l'on cherche des leaders agiles capables d'innover, de penser en dehors du cadre (« *out of the box* », dit-on), on peut avoir du mal à croire que l'efficacité rime (aussi) avec la répétition. En effet, plus nous prenons l'habitude de faire les choses de la même manière, au même rythme, plus nous les maîtrisons.

Le saviez-vous ?

Diminutif de « route », la routine est cette « petite route que l'on prend, toujours la même, par habitude[30] ».

Cette petite route véhicule très souvent une image négative. C'est bien dommage, car le fait de rester sur un chemin connu peut avoir du bon ! La répétition des habitudes dans un environnement stable confère un certain degré de sérénité. On se sent en sécurité, sur cette petite route ! Au moins, on sait à quoi s'attendre. À tel point qu'on a du mal à voir comment des imprévus pourraient nous tomber dessus. Cette sérénité délecte notre cerveau, lequel, quand il est confronté à ce qui lui est familier, économise ses forces.

30 Wiktionnaire, « Routine ».

Rester dans sa zone de confort peut donc s'avérer très efficace, dès lors que l'on reste vigilant pour ne pas tomber dans la rigidité. Et pour élargir, quand le désir s'en fait sentir, sa zone de confort !

Du bon usage des habitudes

« Nous sommes ce que nous faisons à répétition. »

Aristote

Ce sont les scientifiques qui parlent le mieux des habitudes. Comme l'explique le biologiste Bruce Lipton, en termes d'habitudes, tout se joue dans les premiers jours après la naissance. Inculquées par nos proches, parents en première ligne, les habitudes sont des réactions répétées régulièrement, de façon non consciente, qui se calquent au départ sur des comportements attendus de part et d'autre. Quelque part, nous devenons ce pour quoi nous avons été programmés. Ces programmes répétés s'inscrivent dans notre subconscient.

Pour pouvoir libérer nos désirs et notre créativité ou pour nourrir notre motivation, il est nécessaire de nous reposer de temps en temps sur notre « pilote automatique » (le subconscient). Par exemple, quand vous conduisez ou bien quand vous marchez, avez-vous remarqué ? Vous arrivez à destination sans avoir prêté attention aux directions à prendre ou aux vitesses à passer. Pourquoi ? Parce que vous avez laissé votre pilote automatique vous guider !

Exercice

Réfléchissez bien à ces trois questions et tentez d'y répondre.

» Au travail, quelles sont les activités que vous pourriez mettre en « pilote automatique » ?

» Quelles autres activités pourraient de ce fait être investies ?

» Quelles nouvelles compétences pourriez-vous alors acquérir ou développer ?

Cette dernière question est importante, car c'est quand on est sur le mode « pilote automatique » que l'on peut nourrir son cerveau de nouvelles pensées, de nouvelles façons de faire et, selon l'expression de Bruce Lipton, qu'on peut le rendre « plus intelligent ».

Dans son ouvrage *Le Pouvoir des habitudes*, Charles Duhigg explique qu'il faut soixante-six jours pour qu'une action, un comportement ou une émotion répondant à un stimulus devienne une habitude.

Vous paniquez chaque fois que votre chef entre dans votre bureau avec sa *to-do list* à la main ? Enrayez le processus !

Exercice

Pour créer une nouvelle (et bonne) habitude, procédez par étapes.

Étape 1 : identifiez votre signal (la venue de votre chef dans votre bureau).

Étape 2 : créez une parenthèse de recul entre la survenue du signal et votre réaction, en prenant conscience de la relation de cause à effet.

Étape 3 : mettez en place une nouvelle habitude qui vous apporte une récompense satisfaisante (vous sentir détendu quand votre chef arrive avec sa *to-do list* à la main). Cette nouvelle habitude peut par exemple passer par quelques respirations profondes qui vont contribuer à éviter le mode « panique ».

N'oubliez pas : soixante-six jours en moyenne seront nécessaires pour changer vos anciennes (et mauvaises) habitudes !

Identifier sa zone de confort

Tout le monde évoque cette fameuse zone, mais personne ne met exactement la même chose derrière cette notion.

Le confort se définit comme un « ensemble de commodités ». Il recouvre « le bien-être en résultant, la tranquillité psychologique, intellectuelle et morale, obtenue par le rejet de toute préoccupation[31] ». La zone de confort représente donc un ensemble de paramètres avec lesquels nous sommes familiers et qui nous mettent en confiance. Transposée dans la sphère professionnelle, la zone de

31 Définition du Larousse.

confort est constituée de l'ensemble des compétences parfaitement maîtrisées dans un environnement connu.

La notion de « zone de confort » varie énormément d'un individu à un autre. Prenez par exemple deux individus, A et B. Quand A considérera qu'il sort de sa zone de confort parce qu'il a fait deux pas de côté, B aura besoin de franchir une dizaine de mètres au-delà de sa zone habituelle pour considérer qu'il passe en terre inconnue.

Nous disposons tous de notre propre appréciation de ce qui constitue les contours de la zone dans laquelle nous nous sentons à l'aise pour réaliser les tâches qui nous incombent. Pour A comme pour B, passer les frontières de la zone de confort requiert des efforts, une évolution des compétences mises en œuvre (savoir, savoir-faire) et du comportement (savoir-être).

Figure 5-2

Zone de confort de A et B

À retenir

Il n'existe aucune règle absolue en la matière :

» À chacun sa zone, à chacun son rythme.

» À chacun aussi sa volonté de sortir ou non de sa zone de confort !

On s'élève aujourd'hui de plus en plus contre le diktat du dépassement de soi et du développement personnel forcé. Quoi qu'on en dise, quand nous ne savons plus où donner de la tête, rester dans nos habitudes peut avoir du bon... Comme le fait de pouvoir libérer du temps pour réaliser ce qui nous fait vraiment plaisir !

Veiller à l'équilibre routine/complexité

De plus en plus, on sensibilise les managers à l'importance d'équilibrer non plus uniquement la quantité, mais aussi la nature des activités confiées aux équipes.

Notre quotidien de travail se compose tantôt d'activités complexes, tantôt d'activités beaucoup plus simples, voire quasi automatiques. Par exemple, on considère aujourd'hui que la gestion de projet, parce qu'elle nécessite de faire adhérer à une mission des personnes qui ne dépendent pas hiérarchiquement du chef de projet, parce qu'elle requiert analyse, organisation, diplomatie, et respect de délais, mobilise une énergie cérébrale conséquente. Pour préserver le cerveau, non seulement il convient de ne pas multiplier ces activités en mode projet, mais il est aujourd'hui démontré que passer d'un mode de fonctionnement à l'autre accroît la charge cognitive.

À retenir

Pour les managers attentifs à leur équipe, il y a deux idées clés à retenir.

» **Mixer les activités complexes nécessitant de l'agilité, de la réflexion ou de l'adaptabilité relationnelle avec des activités plus routinières permettant de passer en mode « pilote automatique » et, donc, de ressourcer le cerveau.**

» **Veiller à ne pas faire « switcher » en permanence un collaborateur entre les deux modes de fonctionnement.**

Dans son article « Il faut automatiser les tâches les plus simples[32] », la doctorante en ergonomie cognitive Lisa Jeanson explique comment elle intervient dans les ateliers de PSA pour décomplexifier les processus et passer plus facilement en mode « autopilote ».

32 Source : *Management*, n° 278, octobre 2019.

Elle explique : « Je compare un scenario de travail et la manière concrète dont l'individu va accomplir une mission et se l'approprier. On vise à automatiser les tâches simples afin de libérer l'esprit de l'opérateur pour celles plus "élevées" : réflexion, résolution de problèmes, réactions face à des imprévus. »

Trucs et astuces

Le matin et le soir sont des moments propices à l'installation de routines.

» **Le matin :** créez-vous des automatismes quand vous arrivez au bureau. Mise en marche de l'ordinateur, consultation de l'agenda, etc. Inutile de réinventer la roue chaque matin !

» **Le soir :** répétez des ancrages simples qui permettront à votre cerveau de débrancher et de se dire « ça y est, je passe en mode "maison" ». Par exemple, vous pouvez aller laver votre mug, fermer votre armoire et ranger vos dossiers avant de partir, etc.

Ces petits gestes du quotidien, parce qu'ils vous permettent d'économiser votre énergie, allégeront considérablement votre journée !

Comment faire des pas de côté ?

La routine a donc du bon. En revanche, notre train-train quotidien peut aussi devenir notre pire ennemi, quand il finit par rigidifier nos neurones. Quand il nous fige dans nos élans. Quand il nous empêche d'envisager les choses sous un autre angle.

En matière d'habitudes comme ailleurs, tout est question d'équilibre. Il serait tout de même dommage de perdre notre plasticité neuronale et, de façon plus générale, notre adaptabilité.

Exercice

Pour challenger en douceur votre zone de confort, procédez étape par étape. Par exemple, si vous ne prenez jamais la parole en public parce que le fait de parler à un auditoire vous paralyse de peur, élargissez peu à peu votre zone de confort.

Étape 1 : entraînez-vous à lire votre texte à voix haute, de préférence devant un miroir.

Étape 2 : faites votre pitch devant une de vos connaissances. Demandez-lui un *feed-back* constructif : qu'avez-vous particulièrement réussi et comment auriez-vous pu aller plus loin ?

Étape 3 : portez-vous volontaire pour faire une présentation devant un public réduit (idéalement des personnes que vous connaissez bien, qui ne porteront pas de jugement sur vous). Là encore, l'étape de *feed-back* est cruciale pour progresser.

Étape 4 : lancez-vous dans le grand bain !

Dans cet exercice, j'ai volontairement évoqué l'élargissement et non la sortie de votre zone de confort. « Élargir », c'est augmenter la largeur, donner plus d'ampleur à quelque chose, faire que ce soit plus grand. Dans l'exemple ci-dessus, la zone de confort étend peu à peu sa surface, comme un élastique qui s'étire sans se rompre.

Si vous sortez brutalement de votre zone de confort, vous prenez le risque de vous lancer dans l'inconnu, de rater votre prestation et, si l'échec s'en mêle, d'être tétanisé lors de votre prochaine prise de parole en public.

DANS CE CHAPITRE

Poser les bases facilitant le processus de décision

•

Savoir quand privilégier la réflexion ou l'intuition

•

Saisir les bénéfices d'une décision aboutie

•

Savoir assumer ses choix en toutes circonstances

Chapitre 6
Savoir décider

Tout acteur évoluant au sein d'une organisation de travail est amené à prendre des décisions de qualité, dans un environnement complexe et changeant. Or, une bonne prise de décision ne s'improvise pas. Il n'y a rien de pire que de mal choisir et, de ce fait, de s'orienter dans une mauvaise direction. Et, finalement, de devoir recommencer avec, à la clé, déception, perte de temps, d'énergie, et non-atteinte de la performance souhaitée.

Comment se mettre dans les meilleures dispositions possible pour prendre une bonne décision ? À partir de quand faut-il cesser de tergiverser ? Est-il préférable de privilégier l'intuition ou bien la réflexion ? Comment faire que nos échecs deviennent des leviers de décision futurs ? Pourquoi dit-on qu'il est important (notamment quand on est manager) d'assumer ses décisions ?

Créer les conditions d'une bonne prise de décision

> *« Vous êtes débordé à cause de votre incapacité à faire des choix[33]. »*
>
> Tony Crabbe

Chaque jour, nous sommes confrontés à des centaines, voire des milliers de décisions, telles que celles ci-dessous.

- Les micro-décisions : celles que l'on prend de façon le plus souvent inconsciente, à chaque minute du jour qui passe. Par exemple : « Est-ce que je pars déjeuner à midi ou bien à une heure de moindre affluence ? », « Est-ce que je vais me préparer un café ou un thé ? », etc.
- Les décisions opérationnelles, dont la portée est en règle générale d'une année. Par exemple : « Quelles actions promotionnelles mettre en place pour valoriser notre présence sur ce salon ? », « Quels influenceurs inviter à notre conseil scientifique ? », etc.
- Les décisions stratégiques d'entreprise, qui ont une portée sur plus d'une année. Par exemple : « Allons-nous diversifier nos activités ? « Quels leviers stratégiques actionner pour accroître notre part de marché ? », etc.
- Les décisions de carrière : leurs effets se situent à longue échéance. Elles définissent notre trajectoire professionnelle. Par exemple : « Dois-je me reconvertir ? », « Quelle formation entreprendre ? », etc.

De nombreuses décisions sont donc susceptibles d'influencer la marche de l'organisation dans laquelle nous travaillons, ou notre vie professionnelle. Il s'avère donc fondamental d'optimiser la façon dont nous tranchons les problématiques et, surtout, de ne rien laisser au hasard. Étudions ensemble les grandes lignes qui jalonnent une prise de décision efficace et éclairée.

33 T. Crabbe, *Plus jamais débordé ! op. cit.*, p. 79.

Suivre un parcours balisé

Le processus de prise de décision s'inscrit dans un parcours comportant quelques incontournables.

Tout d'abord, il convient de se pencher sur le contexte de la décision concernée : cette dernière implique-t-elle plusieurs interlocuteurs ? Plusieurs services dans l'entreprise ? Fait-elle appel à un seul ou à plusieurs domaines de compétences ? (auquel cas il s'agira de vous entourer des bonnes compétences).

Ensuite arrive la phase d'identification du problème à trancher ou à résoudre : quels en sont les contours ? Quel est l'état initial ? Quelles modifications ce dernier est-il susceptible de subir ?

Trucs et astuces

Après quoi il s'agit d'identifier les différentes alternatives possibles. Sans monter d'arbres décisionnels trop complexes, voici quelques éléments à glaner :

» recueillir toutes les informations, données chiffrées ou d'environnement, dont vous pouvez avoir besoin ;

» ne pas hésiter à solliciter l'avis de tiers ;

» se renseigner sur des situations similaires pour bénéficier des bonnes pratiques ;

» envisager différentes alternatives, ainsi que leurs avantages, inconvénients et conséquences (facteurs de succès et identification des risques).

Ensuite, il faudra clairement définir l'option retenue (en vérifiant que vous n'avez omis aucun paramètre) avant de la communiquer et de la mettre en œuvre, avec les acteurs directement impliqués.

Les bienfaits du compromis

Parfois, il vaut mieux arrêter de tergiverser et de couper les cheveux en quatre. Le compromis peut être une excellente option, qui offre le mérite de ne contredire et de ne froisser personne. Et de gagner un temps considérable !

À retenir

Le compromis est une tactique de prise de décision, par laquelle deux parties (ou plus) annoncent leur position respective et acceptent de la modifier, petit à petit, par des concessions mesurées et réciproques, chacun se sentant « obligé » de concéder quelque chose à l'autre[34].

Pour Jean Kaspar, président de la Commission du Grand Dialogue à La Poste, « le compromis, c'est l'expression de l'intelligence des hommes et des femmes qui comprennent qu'il faut vivre ensemble[35] ».

Dans ce processus de décision basé sur la négociation, personne n'est mis à mal. Personne n'entre en guerre (au fond, l'objectif est-il de prendre une décision ou bien de gagner la bataille ?).

Souvent qualifié de « mou », dans la mesure où il repose sur l'absence d'opposition réelle, le compromis peut être ressenti comme un équilibre « perdants-perdants ».

Exemple

On vous demande de rendre une analyse très fouillée, mais vous considérez que cela n'est clairement pas votre priorité du moment. Plusieurs options s'offrent à vous :

» **Rendre l'analyse détaillée que l'on vous demande.**

» **Proposer une version allégée du rapport, sans en dénaturer la portée.**

» **Faire le strict minimum en laissant de côté une partie des données et en réalisant une analyse partielle.**

Selon vous, laquelle de ces trois options servirait les intérêts communs ?

34 Source : Wikipédia, « Compromis », mise à jour mars 2013.

35 J. Kaspar, conférence-débat « L'industrie du médicament, une mutation qui s'accélère, des impacts à anticiper », 21 février 2013.

Laisser parler sa vraie nature… mais décider !

« Chaque fois que vous voyez une entreprise qui réussit, dites-vous que c'est parce qu'un jour, quelqu'un a pris une décision courageuse[36]. »

Peter Drucker

En matière de prise de décision, il y a ceux qui fonctionnent à la réflexion, à la raison, et d'autres à l'intuition, au ressenti. La plupart des personnes, consciemment ou non, associent ces deux manières de procéder. Quel que soit votre penchant, il y a deux impératifs :

» Vous sentir à l'aise avec votre décision. Il est capital qu'elle résulte d'un choix librement consenti. Sans cela, comment en assumer les conséquences ? Comment la soutenir devant votre patron ? Vos clients ? Votre équipe ?

» Ne pas tourner autour du pot. Sachez trancher ! Rien de tel que des atermoiements incessants pour perdre en efficacité. « Choisir, c'est renoncer », dit-on. Il est vrai que l'exercice n'est pas toujours aisé, dans la mesure où le renoncement (et donc, le choix) implique la notion de perte. Si vous avez du mal à pencher d'un côté ou de l'autre, faites-vous violence !

Différentes façons de décider

Mélange d'intuition et de rationalisation, d'instantanéité et de prise de recul, de compromis et d'affrontements, la décision est un processus extrêmement complexe, à inclure dans un environnement global.

Réflexion ou intuition ?

Quand on doit décider, est-il préférable de suivre son intuition ou de conduire une analyse rationnelle ? Les experts du management et les scientifiques se penchent toujours sur la question, comme en

36 P. Drucker, cité par D. Eppling, L. Magnien, *Quel manager êtes-vous ?* Éditions Eyrolles, 2005, p. 93.

témoignent de récents débats[37]. S'il n'existe pas de consensus très net en la matière, une tendance semble se dessiner : les décideurs guidés par l'intuition seraient les plus performants.

Le saviez-vous ?

Dans son livre *Thinking, Fast and Slow*, le prix Nobel d'économie Daniel Kahneman démontre que dans un environnement de plus en plus changeant et insaisissable, les dirigeants les plus intuitifs enchaînent les bonnes décisions, celles qui marquent des points, tandis que d'autres, plus rationnels, ont tendance à la procrastination et fatiguent leur cerveau.

L'intuition est indépendante de tout acte de réflexion, de toute logique, de toute analyse ou déduction. Elle vient du cœur. Elle naît de l'écoute de soi et de ses émotions. Si vous ne parvenez pas à vous décider entre plusieurs options, laissez faire votre intuition !

Exercice

Prenez un moment au calme. Fermez les yeux et respirez profondément. Ensuite, pensez au choix que vous devez faire ; pensez-y en détail, visualisez-le, imaginez les effets qui en découlent. Puis captez vos émotions. Ressentez dans votre corps (en général, cela se passe dans la région abdominale) ce qui jaillit en vous à la pensée de tel ou tel choix.

Si vous ressentez une quelconque forme d'inconfort, quelles en sont les raisons ? Peut-être ce choix n'est-il pas pour l'instant la meilleure solution ? Peut-être vient-il chatouiller votre zone de confort ?

Vous ressentez de l'excitation ? De la joie ? Du soulagement ? Mieux, un petit rictus se dessine sur vos lèvres ? Ce choix est le bon, faites-vous confiance !

À retenir

Ne confondez pas intuition et émotion. Les décisions influencées par les émotions (par exemple celles prises sous l'effet de la colère ou de la peur) peuvent s'avérer

37 Rencontre débat organisée par Grenoble Ecobiz avec un ensemble de décideurs appartenant au tissu de 28 070 entreprises de la Région Grenoble – Auvergne – Rhône-Alpes, janvier 2020.

inadéquates ou irrationnelles, car les émotions faussent souvent les décisions ; vous pourriez les regretter par la suite. Et perdre ainsi en efficacité.

Attention toutefois à ne pas rejeter en bloc la rationalité, car prendre des décisions réfléchies peut aussi avoir du bon !

Tableau 6-1

Intuition et rationalité

	Avantages	Inconvénients
Décision rationnelle	Efficacité de long terme (moins de risques de revenir en arrière). Prise en compte réfléchie de plusieurs paramètres (présents et à venir).	Nécessite des efforts cognitifs. N'est pas applicable à toutes les situations (ex. : urgences). Risque de procrastination.
Décision intuitive	Rapidité de la décision. Adaptation à un environnement changeant et instantané. Mobilisation des ancrages (moins d'efforts cognitifs).	Erreurs de jugement. Introduction de biais cognitifs.

Intuition ou réflexion, si la question fait toujours débat, c'est qu'en matière de prise de décision, il convient là encore de positionner correctement votre curseur.

Identifier les intérêts en jeu… et se centrer sur ce qu'il y a à gagner

Dans une négociation et/ou une prise de position précédant une décision, l'identification rapide et la plus précise possible des intérêts poursuivis par chacun des protagonistes est essentielle. Sans cette phase d'identification, comment savoir si votre solution proposée sera considérée comme acceptable par l'autre partie ?

Questionnaire

Essayez de vous remémorer une situation de blocage récente au travail. Notez-la.

Quels moyens avez-vous mis en œuvre pour sortir de l'impasse ?

Combien de temps après être entré dans le conflit ou le blocage ?

Avez-vous pris le temps de définir vos intérêts ? Ceux de votre interlocuteur ? Si c'était à refaire, comment procéderiez-vous ?

En négociation, la théorie des gains mutuels s'appuie sur l'identification des enjeux de la partie adverse, afin de parvenir à une solution acceptable pour l'ensemble des acteurs en présence.

Trucs et astuces

Il y a des solutions pour détecter les intérêts en jeu :

- » Adoptez une posture d'écoute maximale.
- » Balayez vos *a priori*, jugements de valeur et perceptions, en vous basant sur des faits, rien que des faits.
- » Questionnez votre interlocuteur pour identifier et comprendre les besoins qui se cachent derrière sa position.

À retenir

Un besoin est plus large qu'une position. Par exemple, si vous répondez par la négative à votre chef qui vous demande de boucler un dossier dans la soirée, prétextant d'avoir trop à faire, votre position est la suivante : « Je refuse de réaliser la tâche, car j'ai trop à faire. » Si votre chef vous questionnait davantage, peut-être découvrirait-il le besoin qui se cache derrière ce « non » : manque de reconnaissance ? Besoin d'équilibrer votre vie personnelle et professionnelle ? Crainte de ne pas vous montrer à la hauteur de la tâche ?

Les besoins peuvent être satisfaits de différentes manières. Chercher à les mettre en lumière permet de gagner un temps considérable.

Assumer ses décisions pour ne pas avoir à y revenir

Dans le milieu professionnel, seuls les vrais gagnants progressent sereinement et sûrement. Pour les experts de l'analyse transactionnelle, les gagnants sont des individus qui se connaissent bien, qui se sont fixé des buts clairs dans la vie et qui n'hésitent pas à se remettre en question, car ils ont une confiance en eux absolue. En cas d'échec, ils ne rejettent la faute sur rien ou personne d'autre... qu'eux-mêmes.

Avez-vous remarqué ? Nous présentons la fâcheuse tendance à pointer un doigt accusateur sur l'adversaire : c'est toujours la faute des autres. « Ah, si la crise n'était pas là... » ; « Ah, si nos équipes étaient plus motivées ! » ; « Ah, si mon chef était plus présent... » ; etc.

Faites le test : lesquels de vos collègues sont-ils assez courageux pour reconnaître leur part de responsabilité dans ce qui peut expliquer leurs difficultés ou l'échec d'un projet auquel ils ont participé ? Et vous, comment avez-vous l'habitude de réagir dans de telles situations ?

Faire des choix, c'est aussi cela, le courage

« Ce sont nos choix qui montrent qui nous sommes, bien plus que nos capacités. »

J. K. Rowling

L'absence de choix fait partie des dix raisons menant au débordement (voir la cinquième partie de cet ouvrage).

Ne pas faire de choix, c'est laisser la brèche entrouverte pour que les demandes affluent dans tous les sens. C'est prendre le risque de se laisser grignoter par trop de sollicitations. C'est être à la fois partout, et avoir le sentiment de n'être nulle part. Ou de tout faire, mais mal. « En l'absence de choix véritables, le seul choix que nous faisons est d'accepter toujours plus de choses sans y prêter attention[38] », fait très justement remarquer le psychologue du travail Tony Crabbe.

Même l'organisation la plus remarquable ne saurait venir compenser un manque de décision. La question essentielle est donc de savoir quelles actions, quelles missions, quels projets, vous souhaitez conserver dans votre panier. Quelles sont celles, au contraire, sur lesquelles vous pourriez faire une croix assez facilement sans décevoir, sans culpabiliser et, surtout, sans mettre à mal vos objectifs à long terme ?

Questionnaire

Voici un cheminement tout simple, en trois étapes, pour faire des choix durables dans votre vie professionnelle. Pour l'avoir testé, je peux vous assurer que c'est un excellent moyen d'y voir plus clair !

Étape 1 : pour trouver du plaisir au travail, ou pour évoluer professionnellement, que pensez-vous indispensable de devoir réaliser ?

38 T. Crabbe, *Plus jamais débordé ! op. cit.*, p. 101.

Étape 2 : combien de temps supplémentaire allez-vous devoir consacrer à la réalisation de cet objectif de long terme ?

Étape 3 : concrètement, où allez-vous trouver ce temps supplémentaire ? Sur quelles activités existantes allez-vous devoir rogner ?

L'étape 3 est cruciale : il s'agit de supprimer ou de réduire des activités existantes, pour les remplacer par un projet porteur de sens pour vous. Ce temps devra bien venir de quelque part ! Hors de question de se dire : « Je travaillerai encore davantage... »

Faire des choix, c'est donc forcément renoncer...

Se mettre en ordre de bataille

Votre décision prise, arrive la phase de mise en œuvre. Et préalablement à toute mise en œuvre, une bonne communication s'impose. Bien communiquer une décision, c'est mettre en avant :

» la finalité de la décision ;

» le périmètre des contraintes dans lequel s'est inscrite la décision ;

» les critères pris en compte pour procéder au choix ;

» votre position dans la prise de décision.

Le premier point relatif à la finalité de la décision est très important, dans la mesure où il fait appel à la notion de « sens ». Quand on cherche à donner du sens à un objectif ou à une activité, comme nous l'avons déjà dit au chapitre 2, trois aspects sont à retenir : la direction (« Savoir dès le départ où l'on veut aller permet de mieux comprendre où l'on en est et de s'assurer que tous nos pas nous mènent dans la bonne direction[39] »), la signification et la sensation.

Ces étapes franchies, il ne reste plus qu'à définir les rôles et responsabilités de chacun. Pour ce faire, plusieurs outils existent, du tableau dessiné sur un paperboard aux RACI les plus complexes (l'acronyme RACI, *Responsible, Accountable, Consulted et Informed*, désigne tout simplement une matrice des responsabilités), choisissez la méthode qui vous paraît la plus adaptée, en gardant à l'esprit le KISS (*Keep It Simple, Stupid*) !

Savoir se remettre (vraiment) en question

Tout collaborateur, indépendamment de son niveau hiérarchique, gagnerait à suivre les réactions de ses clients, sentir les tendances de son marché, évaluer ses résultats ou encore mettre en place des actions correctrices afin de dynamiser son activité. Or, nous hésitons souvent à nous remettre en question, pensant à tort que nous sommes toujours sur la bonne voie.

Se remettre en question, c'est accepter les critiques, les objections, les conseils de son entourage et, plus globalement, le *feed-back*. Un bon *feed-back* est constructif, fait de positif et de suggestions d'amélioration. Plutôt que de chercher à tout prix à recevoir des compliments de la part de personnes susceptibles d'aller dans votre sens, préférez vous demander : « Qu'est-ce qui ne va pas dans mon projet ? Comment faire pour l'améliorer ? »

Tirer les leçons de ses échecs

Tirer le positif de ses échecs est un discours très entendu, paradoxal, qui peut même paraître provocateur aux yeux de certains. Pour ma part, et pour avoir, comme vous, essuyé des déconvenues,

---

39 S. R. Covey, *Les 7 habitudes de ceux qui réalisent tout ce qu'ils entreprennent*, *op. cit.*, p. 107.

je retiendrai tout d'abord qu'en cas d'échec, il est souhaitable d'insister, de recommencer et de recommencer encore. En effet, la voie du succès est pavée d'échecs, de refus, de doutes et de remises en question.

Ensuite, il est important de s'inscrire dans une démarche de long terme.

À retenir

Un échec ou une erreur ne remet que rarement en question la totalité d'un projet. De même, un seul succès, petit ou grand, ne garantit pas la réussite de toute une carrière. En adoptant une vision à long terme, vous éviterez ainsi les « coups de cafard »... et garderez la tête sur les épaules en cas de bonne nouvelle !

Paul Arden nous apprend que dans la dernière entreprise où il a travaillé, « on n'était pas renvoyé pour ses échecs, mais pour son manque d'initiative », précisant que « celui qui ne se trompe jamais a peu de chances de réussir »[40]. Encore faut-il que les erreurs ne se multiplient pas, et que l'on sache en tirer les leçons ! Posez-vous systématiquement la question de savoir pourquoi vous avez échoué, afin de pouvoir en tirer des plans d'action efficaces pour l'avenir.

Ne pas le faire reviendrait à commettre une nouvelle erreur...

Le saviez-vous ?

Quelques belles découvertes sont nées d'erreurs. C'est l'exemple des Post-it, découverte accidentelle d'une colle qui ne collait pas, ou encore de la tarte Tatin, née de la maladresse d'une des sœurs Tatin, aubergistes à Lamotte-Beuvron, qui fit tomber une tarte aux pommes devant un client de l'auberge ! Une nouvelle recette était née...

Persévérer oui, s'entêter non

Détermination et persévérance sont deux qualités indiscutables pour atteindre ses objectifs. Angela Lee Duckworth, psychologue et conférencière américaine, va jusqu'à voir dans la ténacité un

40 P. Arden, *Vous pouvez être ce que vous voulez être*, *op. cit.*, p. 50..

moyen de distinguer ceux qui réussissent et ceux qui échouent[41]. Elle affirme : « La ténacité, c'est la passion et la persévérance pour des objectifs à long terme [...]. C'est travailler dur pour que le rêve devienne réalité. »

Toutefois, quand la persévérance ne suffit pas à atteindre un objectif, lorsqu'elle tourne à l'obsession, puis au découragement ou à la dépression, c'est signe qu'il est temps de se ménager des solutions de repli, de bifurquer, ou de rebrousser chemin... pour mieux avancer et gagner en efficacité.

De temps à autre, levez le nez pour regarder loin à l'horizon...

Exercice

Noyé dans la foule, vous tentez de vous frayer un chemin pour arriver à l'heure à votre rendez-vous. Immanquablement, vous vous cognez contre untel, butez contre unetelle, foncez tête baissée avec au ventre l'énervante impression que toutes ces personnes agglutinées sur le trottoir font exprès de vous ralentir en si bon chemin. Essayez plutôt ceci : levez la tête et regardez le plus loin possible devant vous. Effet garanti : les personnes s'écarteront d'elles-mêmes de votre chemin !

À quoi bon s'obstiner (de façon parfois obsessionnelle) sur un objectif, un projet, une analyse ou un dossier quand le fait de s'en détacher provisoirement peut permettre à votre cerveau de faire émerger des solutions originales ?

41 Source : www.loptimisme.com.

DANS CE CHAPITRE

Sortir du cercle infernal de la réunionite aiguë et apprendre à mener des réunions efficaces

•

Connaître et appliquer les règles d'un travail à distance de qualité

•

Apprendre à bien communiquer à distance avec ses collègues

Chapitre 7

Développer des méthodes d'efficacité collective

L'organisation de la maisonnée passe bien par l'implication de tous les membres de la famille (sauf les bébés…), des amis, voire des voisins ; pourquoi en serait-il autrement au travail ? L'organisation, c'est l'affaire de tous !

Pourtant, force est de constater que les choses ne se présentent pas toujours de cette façon. Quelles ficelles tirer collectivement pour se simplifier la vie au quotidien ? Puisque nous passons beaucoup de temps en réunions, quels leviers actionner pour les rendre les plus productives possible ? Comment organiser une communication interne efficace ? Comment se sentir en harmonie dans un collectif de travail qui fonctionne de plus en plus à distance ?

Conduire des réunions efficaces

Au cours d'une réunion, « la gestion du temps et des priorités ne s'apparente pas à une compétence unique mais à une superposition de comportements qui forment une tournure d'esprit, une mentalité[42] », notent les auteurs de *La Bible pour bien gérer son temps*. Tournure d'esprit que tout le monde ne possède pas. Les réunions à rallonge, celles qui se multiplient, sont aujourd'hui reconnues comme une cause évidente de surmenage : pendant que vous assistez, souvent passivement, à cet échange collectif, vous imaginez votre pile de dossiers qui ne cesse d'augmenter.

Plusieurs entreprises ont pris conscience du phénomène et se sont lancées dans l'évaluation des coûts directs ou indirects liés aux réunions. C'est le cas de 3M, qui a estimé à 79 millions de dollars par an le coût de l'inefficacité du temps de réunion de ses cadres[43] !

Comment faire des réunions des vraies instances de partage et de décision ? Quelles règles de base sont nécessaires pour ne pas perdre en efficacité ? Choisir qui inviter, bien animer et bien résumer constituent les grands thèmes de ce sous-chapitre.

Et, en matière de réunion, comme dans tant d'autres domaines, un maître mot : l'organisation !

Qui inviter ?

Avant d'inviter, posez-vous la question suivante : quelle est la finalité de la réunion que vous vous apprêtez à organiser ? Vise-t-elle à prendre une décision ? À résoudre une problématique ? À transmettre des informations ? À réfléchir ensemble sur une thématique ? À obtenir l'adhésion d'une équipe sur un sujet particulier ?

---

42 *La Bible pour bien gérer son temps*, ouvrage collectif, ESF Éditeur, collection « L'essentiel du management », 2016, p. 180.

43 3M Meeting Management Team et J. Drew, *Mastering Meetings: Discovering the Hidden Potential of Effective Business Meetings*, New York, McGraw-Hill, 1994, cité par T. Crabbe, *Plus jamais débordé ! op. cit.*, p. 30.

On ne le répétera jamais assez, trop de réunions tue la réunion. La réunionite aiguë est un fléau qui nuit à l'efficacité, individuelle et collective.

À retenir

Si vous pouvez utiliser un autre moyen de communication qu'une réunion, faites-le ! Une réunion est extrêmement chronophage (en temps passé en séance et en temps d'organisation) ; réservez-la aux moments où vous avez besoin de réfléchir à plusieurs sur un sujet, où vous voulez favoriser les échanges, transmettre un message oral de façon simultanée à plusieurs personnes... Une communication par mail ou par mémo peut suffire ? C'est que votre réunion n'est pas utile !

Au moment de lancer les invitations, des difficultés peuvent apparaître : on hésite à écarter untel sous prétexte qu'il a un poste important ; on a peur de froisser unetelle en ne l'invitant pas ; untel vous met une pression démesurée pour participer à votre réunion, etc. Stop à la politique et à la susceptibilité !

Choisissez librement les participants, en fonction de leur profil, de leurs compétences, de leur domaine d'expertise, de leur pertinence à traiter un sujet, de leur aptitude à participer activement et à faire avancer les échanges.

Trucs et astuces

Jouez la complémentarité des profils en présence : alliance de personnes privilégiant la réflexion et d'autres l'intuition, d'extravertis et d'introvertis, d'hommes et de femmes, de leaders et de suiveurs, de facilitateurs et d'opposants.

L'animation, cela ne s'improvise pas

S'il n'existe pas une technique d'animation et une seule (tout dépend de la finalité de la réunion), toutes visent en revanche le même objectif : faciliter la communication entre les participants.

Dans le tableau ci-dessous sont résumées les différentes techniques à votre disposition[44].

Tableau 7-1

Communiquer en réunion

Technique	Objectif	Avantages	Inconvénients
Le tour de table	Répondre à tour de rôle à une question précise. Sonder, recueillir des avis sur un sujet.	Connaître le point de vue de tous en peu de temps.	Temps de parole limité. Faire en sorte que tous s'expriment.
Le débat	Élaborer des solutions collectives grâce aux arguments apportés par les participants. Clarifier et traiter les positions individuelles.	Identifier les points d'accord, de divergence. S'enrichir mutuelle-ment.	Dérive de la discussion. Arbitrages nécessaires.
Le travail en sous-groupe	Faire réfléchir sur une durée déterminée de petits groupes de personnes. Stimuler le partage d'expériences.	Rassembler des idées exploitables au cours de la réunion.	Vérifier la bonne compréhen-sion des consignes. Veillez au respect du timing.
Le brain-storming	Faire émerger un maximum d'idées en un minimum de temps. Trouver une solution à un problème complexe.	Émulation collective.	Déviation de l'exercice (transfor-mation en débat). Veiller à la bien-veillance des partici-pants.

44 Source : tableau reconstitué à partir des éléments présentés dans *La Bible pour bien gérer son temps*, *op. cit.*, p. 114-117.

Élaborer des comptes rendus qui poussent à agir

Une réunion représente un très bon outil de pilotage, à condition qu'il en sorte de bonnes décisions, des actions concrètes à valeur ajoutée et, surtout, que la réunion donne lieu à un suivi. Qui dit suivi implique l'élaboration d'un compte rendu rédigé à l'issue de la réunion. « Plus un compte rendu est rédigé longtemps après la réunion, plus il prend du temps à être rédigé et moins il est utile[45] », note Pascale Bélorgey. Mais la rédaction d'un compte rendu présente un aspect un peu scolaire qui peut générer du stress (car elle implique une mise en action ultérieure des participants) et on a tendance à la remettre au lendemain.

À retenir

Un bon compte rendu, c'est :

» **une feuille de route comprenant des actions à entreprendre, un responsable par action et un délai de réalisation ;**

» **un document rédigé idéalement en séance et reformulé à l'issue de la réunion, pour s'assurer de la bonne compréhension des différents points par tous ;**

» **un résumé de ce qui s'est dit en réunion, limité aux informations pertinentes (selon la finalité de la réunion).**

En début de séance, veillez à nommer un responsable de la prise de notes. Pourquoi pas vous-même ?

S'organiser les jours de télétravail

Avant la crise sanitaire de 2020, 39 groupes du CAC 40 appliquaient le télétravail. Le taux moyen de satisfaction des parties prenantes s'élevait à 96 %, et le nombre d'accords collectifs avait bondi de 25 % entre 2017 et 2018[46], explique Clément Roucher, le directeur associé de Greenworking, spécialiste du conseil et de la formation

---

45 P. Bélorgey, *La Boîte à outils de la gestion du temps*, *op. cit.*, p. 156.

46 Cl. Roucher, cité dans « Télétravail, un sujet qui reste sensible », Focus RH, octobre 2019.

au télétravail. Plusieurs raisons expliquent cet engouement, et notamment la démonstration de l'effet positif du télétravail sur la productivité, l'absentéisme, le *turnover* et l'attractivité des jeunes générations.

Toutefois, certains managers acceptaient les jours de télétravail de leurs collaborateurs du bout des lèvres ; ce mode de travail à distance a toujours généré un peu de scepticisme. Depuis la crise sanitaire du COVID-19, le télétravail s'est généralisé, à tel point qu'on se demande comment, « avant », on arrivait à faire sans lui ! Mais si les défenseurs du travail à distance sont nombreux, la crise actuelle nous en a aussi montré les limites. Aussi, pour être réellement efficace pour le collaborateur comme pour l'entreprise, le télétravail doit obéir à certaines règles de communication... et d'organisation !

Les bonnes questions à se poser

Tout le monde n'apprécie pas le travail à distance, préférant coûte que coûte être entouré de ses collègues, baigner dans une atmosphère collective de travail, afin d'avancer efficacement. Il est donc important de savoir dans quel environnement vous vous sentez le mieux, tant pis si vous êtes montré du doigt par certains de vos collègues qui s'empresseront de véhiculer de vous l'image d'un collaborateur zélé.

Ensuite, creusez l'investigation à votre égard : vous laissez-vous facilement distraire ? Avez-vous déjà été capable de vous concentrer plusieurs heures d'affilée sur un dossier ? Parvenez-vous à vous imposer un cadre de travail strict ? N'êtes-vous jamais tenté de rejoindre votre lit qui vous tend les bras après la pause déjeuner ?

Êtes-vous correctement équipé chez vous pour travailler à distance ? Par exemple, disposez-vous d'un espace de travail dédié ? Comment sont gardés vos enfants ? Etc.

Enfin, prenez le temps de réfléchir à tout ce qui pourrait améliorer le partage des informations avec vos collègues, votre chef, vos clients, vos partenaires en général : un agenda partagé ? Une application de gestion des tâches ? Un tableau Excel ? Quoi d'autre ?

Pour que votre employeur vous fasse confiance et pour continuer à délivrer un travail de qualité même en restant chez vous, il est crucial d'être le plus transparent possible avec lui (quand vous vous engagez à boucler un dossier un jour de télétravail, faites-le !) et de ne pas vous mentir.

Définir un cadre de travail avec son employeur et ses collègues

Ne nous voilons pas la face, nombreux sont encore les employeurs à craindre qu'un salarié en télétravail se la coule douce chez lui. Il est donc capital que salarié et employeur soient dans une relation de confiance totale, préalable à toute demande de télétravail.

Trucs et astuces

Si vous sentez des freins chez votre employeur, échangez ouvertement avec lui : quelles sont ses craintes ? Que pouvez-vous avancer pour les lever ?

Signifiez toujours à votre employeur que vous donnerez la priorité aux incontournables de la vie de bureau (disponibilité totale sur les heures de réunions avec l'équipe, rituels de bureau…). Faites-lui comprendre que, pour vous aussi, le collectif de travail, c'est important !

Il est tout à fait possible d'expérimenter le télétravail de façon progressive, via un télétravail occasionnel, puis de dresser un bilan, lequel, s'il s'avère concluant, pourra vous inciter à demander un télétravail régulier.

Avec vos collègues, il va également falloir jouer le jeu : accentuer les échanges, leur annoncer en amont les jours où vous resterez à votre domicile (en privilégiant les jours libres de tout engagement avec eux), afin qu'ils puissent s'organiser en conséquence. S'il y a des créneaux horaires pendant lesquels vous êtes injoignable, dites-le-leur en amont.

Trucs et astuces

Avec vos collègues, n'hésitez pas à multiplier les points réguliers, pendant lesquels vous balayerez les échéances incontournables, les points de vigilance, la répartition des rôles et responsabilités. Dans tous les cas, ne vous décentrez pas de vos objectifs. Échanger, c'est bien, mais attention à ne pas disserter ou parler pour ne rien dire... Restez « focus » !

D'autant plus lorsque vous êtes en télétravail, ancrez ces rituels de partage avec vos collègues dans la durée, pour en faire de vraies habitudes !

Le télétravail, c'est une question d'organisation et de discipline personnelle, mais aussi vis-à-vis des tiers avec qui vous travaillez.

DANS CE CHAPITRE

Capitaliser sur sa relation aux autres pour améliorer son quotidien au travail

•

Apprendre à gérer les personnalités qui font perdre en efficacité

Chapitre 8
Bien gérer ses relations au travail

L'organisation au travail ne se résume pas à une collection d'outils, de méthodes de travail, ou à un état d'esprit. Une dernière dimension doit être prise en compte : les interactions avec l'autre.

C'est un fait : on ne travaille que très rarement vraiment tout seul. Il nous faut donc composer avec notre environnement. Considérées tantôt comme des grains de sable qui viennent gripper un système bien huilé, tantôt comme accélératrices d'efficacité, les relations de travail doivent faire l'objet de beaucoup d'attention pour qui souhaite réguler sa charge mentale et ne pas se laisser perturber dans son organisation.

Dans quel cas privilégier le partage ? Comment intégrer l'autre dans des rapports de travail constructifs ? Par quels moyens canaliser les profils les plus chronophages ? Voilà les principales questions auxquelles nous allons à présent nous atteler.

Sortir de sa coquille

« On est plus heureux dans la solitude que dans le monde. Cela ne viendrait-il pas de ce que, dans la solitude, on pense aux choses et que dans le monde, on est forcé de penser aux hommes ? »

Sébastien Roch Nicolas de Chamfort

Dans l'entreprise, personne ne peut survivre seul : à un moment ou à un autre, nous avons tous besoin de nos collègues, ne serait-ce que pour qu'ils absorbent leur part de travail dans les projets ! Si les alliances sont parfois forcées, nouer du lien avec autrui s'avère indispensable. Il est important, non seulement de nourrir des relations donnant-donnant, mais aussi de travailler de façon efficace.

Il y a des moments où l'on préférera avancer seul, porte fermée, parce qu'on a besoin de se concentrer sur un dossier qui ne nécessite pas d'apports de compétences supplémentaires, et des moments où le partage va s'avérer indispensable. Si vous aimez travailler de façon autonome, en mode « pantoufles » à votre domicile, les lignes qui suivent sont à lire de près !

Quand privilégier le partage d'expériences

« Quand on garde tout pour soi, on finit par vivre sur ses réserves. Et par se dessécher[47]. »

Paul Arden

Le culte de l'individualisme prévalant dans les organisations (individualisation des rémunérations, des formations, des évaluations...), nous avons tendance à avancer seuls, persuadés d'aller plus vite et d'être mieux évalués. Nous préférons garder nos idées pour nous, plutôt que de voir les autres les reprendre à leur compte. Un peu comme nous le faisions à l'école...

47 P. Arden, *Vous pouvez être ce que vous voulez être*, *op. cit.*, p. 30.

Selon le théoricien du management américain Peter Drucker, « le meilleur indicateur du développement de l'esprit d'équipe est le pourcentage de "nous" divisé par les "je" que l'on entend dans les conversations[48] ».

» **Le « je » vous met en scène et valorise votre travail (quitte à atténuer un peu celui de des autres !).**

» **Le « nous » est très utile pour vous approprier les résultats d'un groupe de travail ou de projets (même de ceux auxquels vous n'avez pas participé).**

Exercice

Pour savoir si vous avez plutôt tendance à jouer collectif ou individuel, amusez-vous à comptabiliser les « je » et les « nous » prononcés dans les conversations par vos collègues, au cours des quelques heures de travail écoulées. Faites ensuite le calcul !

Figure 8-1

Utilisation du « je » et du « nous »

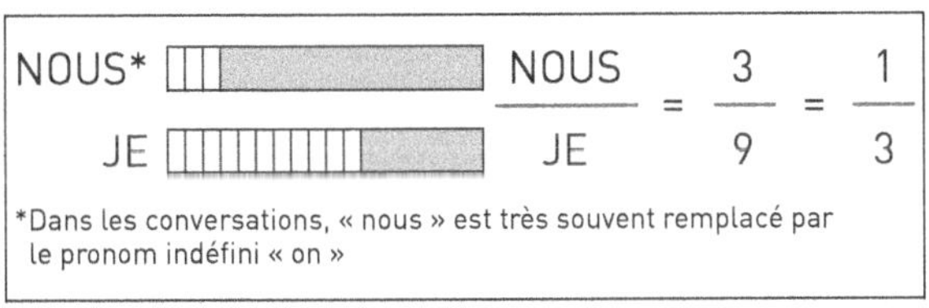

Dans la majorité des cas, le résultat que l'on obtient en divisant les « nous » par les « je » est inférieur à 0,5, ce qui signifie que la proportion des « je » est au moins deux fois supérieure à celle des « nous ».

Sortir de l'ombre et réussir passe nécessairement par la rencontre de personnes nouvelles et par le partage. Et sans qu'il soit forcément question de « portefeuille clients », un tissu

48 P. Drucker, cité par H.-P. Maders, *Animer une équipe projet avec succès*, Éditions Eyrolles, 2013, p. 5.

relationnel dense vous sera toujours utile. Rappelez-vous ces deux petites phrases :

» « L'important, ce n'est pas ce qu'on sait, mais qui on connaît[49]. »

» « Tout seul, on va plus vite. Ensemble, on va plus loin[50]. »

Développer l'esprit d'équipe

Les discussions informelles avec vos collègues ? Vous n'avez pas que ça à faire, ruminez-vous. D'autant plus que cette semaine, votre agenda est sur le point d'exploser... Fort de ce constat, vous préférez rester cloîtré dans votre bureau pour boucler vos dossiers prioritaires.

Erreur ! Passer du temps avec autrui n'est jamais du temps perdu. D'une part, engager la conversation avec l'autre lui démontre qu'il est digne d'intérêt, voire qu'il existe, et, d'autre part, cela lui prouve que vous êtes capable de faire preuve d'esprit d'équipe. Ces échanges apparemment futiles ne servent donc peut-être pas directement vos objectifs opérationnels de court terme, mais ils nourrissent des relations utiles à plus long terme.

L'esprit d'équipe se définit comme le « lien existant entre les membres d'un groupe, leur donnant le sentiment de faire corps et les poussant à œuvrer pour le bien de l'équipe au détriment du bien individuel[51] ».

Jouer collectif, c'est également se proposer, de temps à autre, pour donner un coup de main à ses collègues, par exemple dans le cadre d'un projet collectif. C'est aussi cela, l'efficacité !

---

49 P. Arden, *Vous pouvez être ce que vous voulez être*, *op. cit.*, p. 66-67.
50 Proverbe africain.
51 Source : Wikipédia, « Esprit d'équipe », mise à jour septembre 2012.

Comment développer l'esprit d'équipe ?

- Apprenez à connaître vos collègues de proximité : identifiez les savoirs et savoir-faire complémentaires des vôtres, afin d'atteindre plus facilement l'objectif commun (surtout si une prime collective est à la clé !).
- Créez un climat de coopération et de confiance au sein de l'équipe : capitalisez sur l'entraide, le respect de l'autre et la valorisation des différences, ainsi que sur la synergie et le soutien mutuel.
- Célébrez les succès. Pourquoi ne pas prendre l'initiative de réunir vos collègues à l'occasion d'événements « spéciaux » (promotion, aboutissement d'un projet, gain de parts de marché, etc.) ou d'organiser des rencontres en dehors du cadre professionnel ?
- Veillez à intégrer au mieux les nouveaux collaborateurs du service ; cela soulagera aussi votre chef...
- Associez vos collègues dans l'élaboration des dossiers les plus complexes et analysez ensemble les résultats. Assumez ensemble les difficultés.

Oser solliciter les bons sponsors

Si certains dossiers méritent d'être traités en solo, d'autres arriveront à terme plus sûrement (et souvent plus rapidement) grâce à de bons sponsors. Les sponsors, ce sont les personnes qui soutiennent votre projet.

Soit ils ont clairement été identifiés comme tels, soit leur rôle est implicite, lié en général à leur pouvoir d'influence dans l'organisation ou à leur position hiérarchique.

Savoir identifier les personnes capables de défendre et de vendre vos projets, oser les solliciter sans vous soucier de leur statut, est essentiel.

Trucs et astuces

Face à vos sponsors, exprimez sereinement les choses. Quelles sont vos attentes vis-à-vis d'eux ? De quoi avez-vous besoin pour avancer ? En quoi peuvent-ils vous aider ?

Ne considérez pas l'aide sollicitée comme un aveu de faiblesse. Demander du soutien peut énormément valoriser votre interlocuteur. Et si jamais vos échanges ne tournent pas comme vous le souhaitiez, veillez à n'accabler personne.

Quand on s'adresse à ses sponsors, il existe deux règles d'or.

» **Première règle d'or : parler à la première personne.**
Ne parlez pas au nom des autres. Ce que l'on va chercher à savoir, c'est ce que vous pensez, quelle est votre contribution, de quoi vous avez besoin, etc. Il n'est pas toujours évident de se découvrir en parlant de soi et de son travail, mais seul l'usage du « je » vous permettra de vous mettre en scène, de valoriser votre contribution et vos résultats. Un « je » vous positionne en véritable acteur de votre vie professionnelle.

» **Seconde règle d'or : écouter son interlocuteur.**
Être à l'écoute consiste avant tout à respecter le point de vue de l'autre sans porter de jugement. Écouter, c'est accepter la vision de ses collègues en faisant fi de sa propre grille de valeurs. C'est commencer par se taire et laisser l'autre parler. L'écoute passe donc forcément par des phases de silence. Écouter, c'est la meilleure façon de connaître les besoins de vos interlocuteurs. Et donc de gagner en efficacité !

Manager les profils chronophages

Qu'ils sont nombreux, les collègues qui nous empoisonnent la vie au travail ! Poliment dénommés par les psychiatres « personnalités difficiles », ils offrent une prévalence estimée à 10 % de l'effectif d'une organisation (qu'elle soit entreprise publique, privée, institution ou encore association)[52].

---

52 Source : Alain Javelle, consultant ressources humaines, « Gérer les personnalités difficiles au sein de l'entreprise », www.netpme.fr, 2013.

Parmi eux, le bavard, le feignant et l'indécis sont certainement ceux qui nous font perdre le plus de temps.

Avant d'étudier plus en détail chaque profil, énonçons la règle générale : écartez-vous de ces enquiquineurs !

Le saviez-vous ?

La « proxémique » est une approche des distances sociales introduite par l'anthropologue américain Edward T. Hall dans les années 1960. Ce dernier distingue plusieurs types de distances en face à face :

» **La distance « intime », d'environ 45 centimètres, est la distance des rapports affectueux.**

» **La distance « personnelle », de 45 à 120 centimètres, est celle de la conversation. Elle diffère selon les cultures.**

» **La distance « sociale », de 120 à 350 centimètres, est celle des rapports institutionnels.**

Avec les profils chronophages, il convient de garder ses distances ! Et d'apprendre à bien connaître ces profils : quels modes de fonctionnement caractérisent ces individus insupportables, qu'il nous faut pourtant supporter ? Comment les neutraliser pour continuer à avancer sans se laisser déstabiliser ?

Le bavard

Les bavards ? Ce sont ces individus qui discutent entre eux de façon intempestive. Représentant des communautés d'intérêts personnels ou professionnels (par exemple, deux collègues exerçant une même fonction, deux femmes dans un groupe d'hommes...), ils se lient en général par deux, voire trois, mais rarement davantage. Ils donnent l'impression de comploter en permanence, réveillant en nous un agacement qui peut aller jusqu'à la paranoïa. Pour peu que d'autres individus aux penchants bavards entrent dans leur sillage, c'est la concentration de tout le groupe qui risque d'être mise à mal

Trucs et astuces

Pour gérer ces voleurs d'énergie et d'attention, voici quelques astuces :

» **Appuyez-vous sur le groupe pour remettre les bavards à leur place.**

» **Invitez le bavard à se taire en faisant preuve de diplomatie.**

» **Dans une salle de réunion, rapprochez-vous des bavards, entrez dans leur « espace vital » ; ils stopperont d'eux-mêmes !**

Le feignant

On estime à environ 7 %[53] de l'effectif d'une entreprise le nombre de paresseux. Tire-au-flanc, feignasse, cossard, lézard... La profusion de noms caractérisant les feignants révèle l'ampleur du phénomène.

Fervents défenseurs du « mode éco », de la présence passive et de l'appropriation du travail d'autrui, ils essaient de surnager sans se faire pincer, dans un univers marqué par le culte de la performance où travailler plus est synonyme de travailler mieux. S'ils font encore partie des murs, c'est qu'ils savent user de stratagèmes redoutables destinés à donner l'impression d'être des bourreaux de travail. Pas toujours facile, donc, de débusquer les rois de l'esbroufe ! Et, surtout, de les mettre au travail !

Trucs et astuces

Voici quelques stratagèmes qui pourront vous être utiles.

» **Avec les feignants, restez zen ! Ce n'est pas en sur-réagissant ou en proclamant haut et fort un sentiment d'injustice que les choses s'amélioreront.**

» **Expliquer habilement à votre chef que vous ne disposez pas de toutes les informations nécessaires à la finalisation de votre dossier ou que vous devez toujours attendre les mêmes personnes.**

---

53 Source : « Comment faire bosser les paresseux », Capital.fr, 13 avril 2010.

- **Discutez directement du problème avec le feignant en question. Exposez prudemment mais clairement ce qui vous dérange.**
- **Valorisez-le en lui expliquant que vous avez absolument besoin de lui, qu'il constitue un maillon indispensable et que sans son implication, le projet ne peut aboutir.**

Si vous managez un feignant, rappelez-lui ses rôles et responsabilités et restez le plus factuel possible en lui fixant des objectifs précis et un planning à respecter.

Ne vous méprenez pas : ce que vous prenez pour de la paresse cache peut-être tout simplement une réaction d'angoisse, une profonde démotivation, un sentiment d'infériorité, des problèmes d'ordre personnel, etc. Attention, donc, à l'arbre qui cache la forêt...

L'indécis

L'indécis, c'est celui ou celle que j'ai nommé « Girouette » dans mon livre consacré aux toxiques au travail[54]. L'indécis change d'avis comme de chemise : il est capable de prendre une décision suivie d'une décision contraire une heure plus tard, tout simplement parce que le vent a tourné. Il nous fait perdre un temps considérable. Jamais tranchée, son opinion oscille d'un choix à l'autre, selon une logique qui, la plupart du temps, nous échappe.

À retenir

Si le fait de changer d'avis est parfois synonyme d'ouverture d'esprit et de remise en question, l'indécision, quand elle est poussée à l'extrême, conduit à se perdre dans un labyrinthe de points de vue.

Voici quelques conseils pour aider un indécis à se positionner :

- **Raisonner à l'inverse, en procédant par élimination. En effet, certaines personnes sont plus douées pour savoir ce dont elles ne veulent pas, plutôt que ce qu'elles désirent vraiment. Demandez donc à un indécis tout ce dont il ne veut pas, jusqu'à ce qu'il soit à court d'idées.**

---

54 L. Bourgeois, *La Théorie du grain de sable. Ou l'art de neutraliser les casse-pieds en entreprise*, Éditions Diateino, 2018.

» Construire une grille de décisions, qui offre le mérite de se fonder sur des éléments rationnels et de conduire à des décisions efficaces et abouties.

» Puisqu'un indécis a du mal à prendre une décision « blanche » ou « noire », privilégier un mode de décision du type « compromis ». En coupant la poire en deux, vous optez pour une décision « grise » qui constitue un excellent moyen d'avancer avec les indécis.

Sans vouloir absolument transformer un indécis en expert de l'arbre décisionnel, pousser un indécis dans ses retranchements peut s'avérer bénéfique, à condition de lui donner un cap à atteindre. En effet, s'il sait après quoi il court, il sera moins tenté de tergiverser !

Partie 3

Faire rimer organisation avec anticipation et planification

Dans cette partie...

Puisque nous ne pouvons rien déterminer une fois pour toutes, et notamment dans notre vie professionnelle, où tout va très vite et où nous devons en permanence nous ajuster, il s'agit d'anticiper les changements susceptibles de modifier nos habitudes et de nous faire dévier de notre route. Dans cette partie, nous allons voir que planification et organisation peuvent aussi rimer avec agilité.

Pour celles et ceux d'entre vous qui ont déjà un penchant pour la planification et l'anticipation, cette partie va sans doute vous permettre d'aller plus loin en la matière, en mettant également l'accent sur un état d'esprit positif et « sage », qui vous permettra de ne pas vous transformer en robots planificateurs.

Et pour celles et ceux qui ont tendance à se complaire dans la désorganisation et le chaos, cette partie est à lire et à relire... sans modération ! Car, ne l'oublions pas, le débordement naît avant tout de la désorganisation... et d'un manque d'anticipation.

DANS CE CHAPITRE

Savoir identifier les situations où des alternatives doivent être mises en place

•

Savoir anticiper les risques et emprunter des chemins de traverse pour les contourner

•

Adopter un état d'esprit résolument positif et agile

Chapitre 9
Apprivoiser l'imprévu

On dit de la vie professionnelle qu'elle est en perpétuel mouvement, que notre époque est celle de l'urgence, des solutions de repli et, que dans ce contexte, nous sommes contraints de nous adapter en permanence. C'est vrai.

Quels que soient notre âge, notre profession ou l'organisation dans laquelle nous évoluons, nous avons intérêt à nous inscrire dans une démarche de remise en question permanente, à apprendre à identifier les risques potentiels pour réorienter nos plans. Sur ce point, une méthode à la portée de tous a été développée par la scientifique d'origine allemande Gabriele Oettingen ; nous la détaillerons dans ce chapitre. Mais la méthode ne fait pas tout : un état d'esprit orienté vers les solutions est un formidable outil anti-surmenage et anti-surchauffe.

Nous allons voir ensemble que la charge mentale et l'organisation se travaillent… pour peu que nous le voulions vraiment.

Avoir le réflexe « plan B »

Non, le plan B n'est pas l'outil de prédilection des individus pessimistes ! En effet, le fait d'anticiper les risques n'augmente aucunement la probabilité de les voir se produire. Avoir le réflexe « plan B » révèle au contraire un état d'esprit profondément positif, dans la mesure où il s'agit d'imaginer de nouvelles trajectoires dès que le vent tourne. N'est-ce pas là une caractéristique majeure de l'individu optimiste, capable, selon l'expert du sujet Philippe Gabilliet, de « refuser l'idée même d'impossibilité et de fatalité, l'idée qu'un quelconque problème puisse être une impasse[55] ».

Bien entendu, l'individu optimiste pourra connaître des moments de débordement, mais il refusera de se laisser déborder par la charge mentale. Il s'attachera à anticiper pour préparer demain et mieux profiter d'aujourd'hui. À penser à ce qui peut arriver dans le futur pour mieux savourer l'instant présent.

Plutôt que d'attendre, suspendu à un fil, que ses collègues daignent lui donner un coup de main ou que son patron lui offre la formation de ses rêves, l'optimiste se prend en main, en anticipant.

À retenir

Votre objectif consiste non pas à envisager systématiquement le pire ni à jouer les oiseaux de mauvais augure, mais bien à acquérir la capacité à construire des radeaux de sauvetage pour voguer vers des issues favorables quand l'incertitude menace.

« Les vrais gagnants sont ceux qui savent ce qu'ils feront si par malheur ils perdent[56] », soutenait Philippe Gabilliet dans une conférence dédiée à l'optimisme en période difficile.

55 Ph. Gabilliet, *Éloge de l'optimisme*, Éditions Saint-Simon, 2010, p. 24.

56 Source : intervention de Philippe Gabilliet (professeur associé à l'ESCP Europe et auteur de plusieurs ouvrages sur l'optimisme), « Comment rester optimiste en période difficile ».

Trois situations d'urgence

Notre efficacité dépend directement de notre capacité de remise en question : sommes-nous sur la bonne voie ? Dans le cas contraire, sommes-nous capables de rebrousser chemin ? Travaillons-nous sur les bons sujets ? Etc. Si notre capacité de remise en cause doit s'exercer au quotidien, elle s'avère cruciale dans trois situations[57] :

» **Tout d'abord, lorsque nous vivons un changement.** Dès lors que nous prenons conscience que notre existence est jalonnée de virages, d'aubaines et de coups de malchance qui représentent autant de changements, d'opportunités et de contraintes, le concept de plan B devient une composante vitale de notre quotidien, qui nous permet de coller au maximum aux imprévus et de réorienter nos plans en conséquence. Face au changement, qui d'entre nous n'a jamais été dans l'obligation de diversifier ses compétences, d'acquérir de nouvelles connaissances, de se réinventer, sous peine d'être mis sur la touche en deux temps trois mouvements ?

» **Ensuite, quand les objectifs nous paraissent insurmontables.** Nous tentons alors de les franchir, coûte que coûte, peu importe si nous savons pertinemment que certains paramètres échappent à notre volonté ou à notre contrôle. Pourquoi ne pas tenter de bifurquer avant de tomber définitivement dans la spirale de l'échec ?

» **Enfin, lorsque le ras-le-bol se fait sentir, menaçant de faire déborder une coupe déjà trop pleine.** Par exemple, vous enragez d'être payé au lance-pierre. Vous ne supportez plus l'iniquité au sein de votre équipe. Vous ne comprenez pas pourquoi on vous a refusé la formation de vos rêves. En deux mots, vous avez réellement l'impression de supporter l'insupportable. Combien de fois vous êtes-vous dit que cela ne pouvait plus durer ?

À retenir

Parfois il faut attendre d'avoir atteint le point de *too much* (voir chapitre 1) pour prendre les décisions qui s'imposent ! Ce point de non-retour est susceptible, selon les individus, de déclencher le besoin et l'envie. Par exemple, l'envie de tout stopper pour partir sur de nouvelles bases

57 Source : L. Bourgeois, *Les Gens heureux ont toujours un plan B*, Éditions Larousse, 2018.

ou l'envie de porter au grand jour un projet qui mûrit dans un coin de notre tête depuis quelque temps. Vous avez l'impression d'être au bout du rouleau ? C'est donc une excellente nouvelle !

Pour reprendre le contrôle, élargir son cercle d'influence

Une bonne façon d'apprivoiser l'imprévu et de garder un maximum de contrôle sur les événements à venir consiste à augmenter sa capacité d'influence.

Dans son best-seller *Les 7 habitudes de ceux qui réussissent tout ce qu'ils entreprennent*, Stephen R. Covey conseille de focaliser tous nos efforts sur notre « cercle d'influence » (composé des éléments sur lesquels nous avons le pouvoir d'exercer un certain contrôle) et de l'élargir, le plus possible.

Figure 9-1

Cercle des préoccupations et cercle d'influence (d'après Stephen R. Covey)

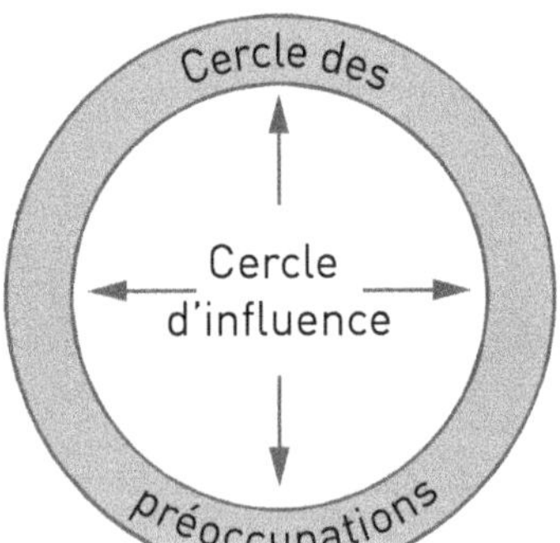

Selon l'auteur, « les réactifs se concentrent [...] sur le cercle des préoccupations [...], sur la faiblesse d'autres personnes, sur les problèmes d'environnement et sur des circonstances qui échappent à leur contrôle. Cette focalisation se traduit par une attitude réprobatrice ou accusatrice envers les autres, un langage réactif et le sentiment accru d'être une victime. [...] Tant que nous travaillons à notre cercle de préoccupations, nous acceptons que les éléments qu'il contient nous commandent et nous ne prenons pas l'initiative proactive nécessaire pour amener un changement positif[58] ». Au contraire, les individus proactifs et positifs se concentrent sur leur cercle d'influence, élargissent le champ des possibles, acceptent de se remettre en question et prennent l'initiative de provoquer les événements.

La technique « WOOP »

Se concentrer uniquement sur son but à atteindre, sans prendre en considération les obstacles susceptibles de nuire à ses plans, est inefficace. Telle est la conclusion à laquelle est parvenue Gabriele Oettingen, chercheuse et professeure de psychologie des universités de New York et de Hambourg. Cette dernière a initié des dizaines d'études incluant plusieurs milliers de personnes et s'étalant sur plus de vingt ans. Son objectif ? Mesurer l'efficacité de la visualisation de l'objectif et des risques sur l'atteinte des objectifs de chacun. Pour la chercheuse, l'anticipation d'un obstacle et sa visualisation permettent d'y faire face le moment venu[59].

Voici la méthode WOOP[60] développée à partir de ses conclusions :

Tableau 9-1

Méthode WOOP

Étape 1	W	Wish (désir, but, rêve)
Étape 2	O	Outcome (résultat escompté, accompagné d'une visualisation détaillée)
Étape 3	O	Obstacle (obstacle, accompagné d'une visualisation détaillée)
Étape 4	P	Plan (plan B, exprimé sous la forme : « Si... alors... »)

58 S. R. Covey, *Les 7 habitudes de ceux qui réussissent tout ce qu'ils entreprennent*, *op. cit.*, p. 91-95.

59 Voir L. Bourgeois, *Les Gens heureux ont toujours un plan B*, *op. cit.*, p. 148.

60 Source : www.woopmylife.org.

Exercice

Si, par exemple, votre but ultime (W) est d'obtenir le poste de manager du service X :

Étape 1 : visualisez le résultat escompté (O). Imaginez vos premières actions, la rencontre avec votre nouvelle équipe, etc.

Étape 2 : imaginez les obstacles (O) susceptibles de venir contrarier la réalisation de votre rêve. (Par exemple, le nombre important de postulants, des compétences requises difficiles à acquérir, etc.)

Étape 3 : mettez en place des plans (P) alternatifs. (Refaire votre CV en mettant en avant votre différence, travailler vos points d'amélioration, etc.)

Quand tous les risques deviennent mesurables, il est possible de les anticiper pour mieux atteindre votre objectif. Testez le WOOP !

Apprendre à relativiser

Au travail comme dans la vie de tous les jours, dès lors que les choses ne tournent pas exactement comme vous le souhaitez, qu'on ne vous reconnaît pas à votre juste valeur ou que l'on vous fait des reproches, cela peut vite tourner au drame. Vous montez en épingle le plus petit désagrément. Votre chef ne vous a pas dit bonjour ce matin ? À deux contre un, c'est qu'il cherche à vous évincer ; que va-t-il vous tomber sur la tête ? Vous êtes arrivé en retard à la réunion de service ? Vous allez prendre un sacré savon. Ce phénomène de sur-exagération s'explique aisément : comme vous êtes à bout, tout, absolument tout, prend des proportions incommensurables. Et vous vous gâchez la vie pour de mauvaises raisons.

Renverser le verre à moitié vide

« ***Un pessimiste voit la difficulté dans chaque opportunité. Un optimiste voit l'opportunité dans chaque difficulté.*** »

Winston Churchill

L'attitude positive ? C'est notamment, selon la formule consacrée, le fait de voir le verre à moitié plein plutôt qu'à moitié vide. On en parle beaucoup, de cette formidable aptitude à retourner les problèmes, les contraintes et les contretemps en autant de défis à relever... Indéniablement, une personne avec un tel état d'esprit refusera de se laisser enliser dans la spirale négative de l'insatisfaction et cherchera à combattre la charge mentale plutôt que de s'enliser dans le surmenage. Nous refusons souvent de l'admettre, mais dans la vie, beaucoup de choses dépendent de la façon dont nous les envisageons ! « Nous tenons tous entre nos mains (et ce quelle que soit la nature du problème) le début de la solution : changer nos habitudes, changer nos méthodes de persuasion et changer notre façon de voir les choses[61] », soutient Stephen R. Covey.

Pour vous entraîner à voir les choses sous un autre angle, voici un exemple qui devrait vous éclairer[62]...

Exemple

Vous êtes analyste de données depuis une dizaine d'années. Votre entreprise vient d'ouvrir un poste de chef de produit, à pourvoir au sein du département marketing. Depuis le temps que vous en rêvez... Votre cœur se met à battre, mais à l'effervescence succède rapidement l'angoisse : à coup sûr, vous devrez vous mesurer à des candidats plus affutés que vous.

Option 1. Vous vous rongez les sangs en ruminant : comme d'habitude, les dés sont pipés, le candidat est sans doute déjà identifié. Dans ces conditions, à quoi bon postuler ?

Option 2. Occuper ce poste de chef de produit vous permettrait enfin de sortir de votre placard. Il n'y a pas à hésiter. Pour mettre toutes les chances de votre côté et arriver plus serein à l'entretien de recrutement, vous décidez de répondre à une seconde annonce qui vous tente également.

Changez votre façon de voir, vous changerez la façon dont vous vivrez !

---

61 S. R. Covey, *Les 7 habitudes de ceux qui réussissent tout ce qu'ils entreprennent*, *op. cit.*, p. 96.

62 Source : L. Bourgeois, *Se libérer de la charge mentale*, *op. cit.*, p. 104.

Gagner en sagesse

> *« Le monde avec lenteur marche vers la sagesse. »*
>
> Voltaire

La notion de sagesse n'est pas réservée aux philosophes ! Elle trouve tout à fait sa place en matière d'organisation et de charge mentale au travail.

Mais qu'est-ce au juste que la sagesse ?

On dit d'un enfant qu'il est sage quand il se comporte docilement. Quand il obéit, sans discuter les ordres qu'on lui donne. On dit d'un vieillard qu'il est sage quand il est instruit, quand son expérience a façonné sa façon de prendre les choses, avec recul et sérénité. Contrairement à l'enfant, il ne cherche plus à plaire parce qu'il a rencontré sa vraie nature.

Certaines organisations, comme les multinationales de la Silicon Valley, ont fait de la quête de sagesse une de leurs priorités, en proposant par exemple des formations à la méditation ou à la pleine conscience (la *mindfullness*) animées par de grands maîtres spirituels. Au-delà de la baisse de rythme qu'elle impose, la sagesse permet de distinguer l'important de l'accessoire.

Exemple

Voici l'histoire d'un vieux professeur... Un jour, il s'est emparé d'un grand récipient et l'a rempli d'une douzaine de gros cailloux. Lorsqu'il lui a été impossible d'y ajouter un caillou de plus, il a regardé ses élèves : « Est-ce que ce pot est plein ? » Tous ont répondu en chœur : « Oui ! » « Vraiment ? » a-t-il questionné. Alors, il a sorti un bol rempli de gravier et a versé le gravier dans le récipient. Ce dernier s'est infiltré entre les cailloux, jusqu'au fond du pot. Le professeur a répété : « Est-ce que le pot est plein ? » L'un des élèves a répondu : « Probablement pas ! » « Bien ! » s'est exclamé le vieux professeur. Il a sorti un sac de sable qu'il a déversé dans le récipient. Le sable est venu combler les espaces entre les cailloux et le gravier. « Est-ce que ce pot est plein ? » « Non ! » ont répondu sans hésiter tous les élèves. Le professeur a alors pris le pichet d'eau qui était sur la table et a rempli le récipient jusqu'à ras bord.

« Quelle grande vérité nous démontre cette expérience ? » a-t-il demandé.

Un des élèves a répondu : « Cela démontre que même lorsque l'on croit que notre agenda est complètement rempli, on peut encore y ajouter plus de rendez-vous, plus de choses à faire. » « Non. Ce que nous apprend cette expérience est que si on ne met pas les gros cailloux en premier dans le récipient, on ne pourra jamais tous les faire entrer. » « Et vous, quels sont les gros cailloux dans votre vie ? Votre santé ? Votre famille ? Vos amis ? Réaliser vos rêves ? Défendre une cause ? Prendre du bon temps... ? »

Être sage, c'est être capable de remettre les choses en perspective. Au travail ou ailleurs, vous constaterez que les personnes sachant faire preuve d'un peu de légèreté, celles qui savent relativiser les événements, ont une longueur d'avance sur celles qui prennent tout au pied de la lettre. Relativiser, c'est prendre suffisamment de recul pour redonner à chaque chose sa juste valeur, ce qui évite aussi d'exagérer la gravité des situations. Et de retrouver un peu de sérénité !

Alors quand vous pestez parce que votre collègue est parti sans se soucier du bourrage papier de l'imprimante, arrêtez-vous un instant et posez-vous la question : grave ou pas grave ?

DANS CE CHAPITRE

Adopter une vision globale, pour y voir plus clair au quotidien

•

Développer le réflexe « plan B » en toutes circonstances

•

Apprendre à envisager des alternatives efficaces

Chapitre 10
Planifier efficacement

Penser à l'heure qui vient, c'est déjà planifier. Nous savons que la planification permet de gérer plus sereinement les choses, mais force est de constater que nous attendons trop souvent de toucher le fond pour nous dire que décidément, trop, c'est trop. Et que nous ne pouvons raisonnablement plus continuer ainsi. Nous attendons le fameux point de *too much* susceptible de tout faire basculer. Nous rêvons de tout envoyer balader pour partir sur de nouvelles bases. Mais nous restons englués, à courir toujours plus vite après des exigences que nous voulons toujours plus hautes.

Comment faire pour ne pas courir après des délais intenables ? Dans un monde professionnel en perpétuelle évolution, comment se prémunir d'éventuelles déconvenues qui font perdre en confiance... et en efficacité ?

Privilégier une vue d'hélicoptère

« L'hélicoptère *view* », expression très en vogue dans le milieu du management et du conseil, n'est ni plus ni moins qu'une vue d'ensemble. Disposer d'une bonne vision globale, être capable de prendre de la hauteur sur les situations, inscrire son action dans une démarche globale en prenant en compte l'influence d'une action sur une autre, représente une qualité essentielle pour un manager. Dans le chapitre 4, nous avons commencé à poser les bases de cette approche, notant que, dans bien des cas, il convenait de préférer une vision d'hélicoptère à une focalisation trop précise.

Et que nous soyons ou non managers, seule une vision globale permet d'y voir clair. Et de ne pas nous encombrer des détails qui nous enquiquinent la vie !

Mieux vaut prévenir que guérir

D'expérience, j'ai pu constater que les collaborateurs souffrant de charge mentale visent la perfection, allant jusqu'à anticiper les besoins des autres, quitte à raccourcir eux-mêmes les délais déjà serrés qu'on leur impose. Or, en matière de délais, il est souhaitable de voir plus large que ce que vous prévoyez. Pourquoi ? Parce que dans neuf cas sur dix, vos approximations sont erronées !

Le chercheur et psychologue du travail Tony Crabbe l'explique parfaitement bien, en prenant appui sur une étude publiée dans le *Journal of Personality and Social Psychology*. Cette étude incluait des doctorants à qui on a posé les deux questions suivantes : « En combien de temps comptez-vous terminer votre thèse ? Combien de temps pensez-vous que vont mettre vos collègues ? » Résultat : ils ont quasiment tous sous-estimé le délai nécessaire à la rédaction de leur propre travail. En revanche, ils ont estimé de façon assez précise le temps pour leurs collègues ! « En psychologie, note Tony Crabbe, ce phénomène s'appelle "l'illusion de la planification" : nous surestimons considérablement nos capacités[63]. »

Par manque d'organisation, d'anticipation ou de ressources, ou bien par négligence (syndrome de l'étudiant : « On a tout le temps ! »), par incompétence ou en raison d'une charge de travail trop importante, le dépassement des délais est un problème fréquemment

---

63 T. Crabbe, *Plus jamais débordé ! op. cit.*, p. 31.

rencontré lors de la mise en œuvre de projets. Exploser les délais accordés reste le plus sûr moyen de se retrouver dans le collimateur de son chef… et de ses collègues !

Mieux vaut donc prévenir que guérir, en indiquant à vos « donneurs d'ordre » un délai raisonnable tenant compte des éléments externes susceptibles de vous ralentir, au lieu de prendre le risque de courir jusqu'à vous essouffler au point de vous asphyxier.

Trucs et astuces

Voici quelques conseils permettant d'éviter que des impondérables viennent perturber la tenue de vos délais[64] :

- **Anticipez : identifiez toutes les variables gravissant autour d'un projet, et mesurez-en les effets.**
- **Intégrez des marges de sécurité à chaque étape du projet, afin de pallier les incertitudes.**
- **Établissez des compromis en accord avec votre donneur d'ordre : par exemple, en négociant le degré de détails souhaité ou d'analyse, vous pouvez raccourcir les délais.**
- **Ne laissez pas vos collègues se décharger sur vous de leurs tâches les plus ingrates. Un problème de moins à gérer, c'est autant de temps gagné pour sécuriser vos délais.**
- **Et si, malgré tous vos efforts d'anticipation et d'organisation, l'imprévu vient brouiller vos projets, expliquez donc en toute transparence à vos interlocuteurs pourquoi il est impossible de garantir vos « délivrables ».**

Construire un bon rétroplanning

Rien de tel pour anticiper et planifier efficacement son activité que de se lancer dans la construction d'un bon rétroplanning.

Je vous entends déjà souffler : « Que de temps perdu… » Pas du tout ! Un rétroplanning constitue un excellent moyen de ne pas se laisser happer par les urgences et de faire en sorte de réduire le degré d'urgence de ses activités. Et dans un univers où le mode

64 L. Bourgeois, *13 trucs infaillibles pour être bien vu en entreprise*, *op. cit.*, p. 15.

projet a fait irruption dans tous les métiers, il est devenu un outil incontournable.

Entendons-nous, au quotidien, l'objectif n'est pas de construire une usine à gaz : contentez-vous d'une bonne planification (par exemple annuelle) avec une date de fin prévisionnelle, en prenant en compte les différentes contraintes pour jalonner au mieux le continuum.

Admettons par exemple que vous devez lancer un produit sur le marché pour dans deux ans. Votre planning annuel devra se préparer au moins six mois à l'avance. Ainsi, c'est au milieu de l'année en cours que vous devez prendre des options pour l'année suivante (année N + 1).

Figure 10-1

Exemple de planning annuel (simplifié) pour le lancement d'un produit

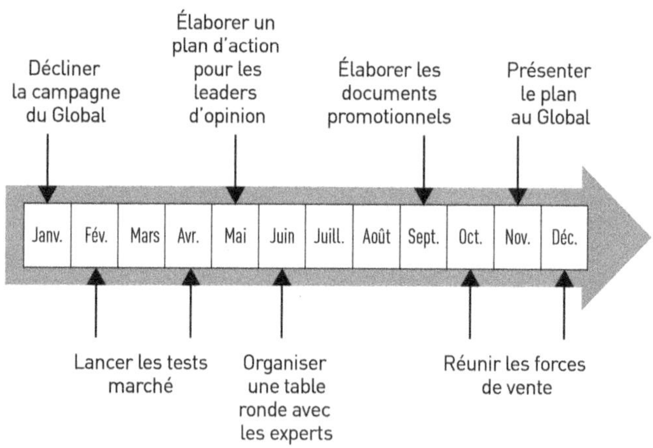

Il est souhaitable de lister en amont les différents besoins nécessaires à l'organisation de l'événement et de définir les rôles et responsabilités des acteurs qui gravitent autour de votre projet.

À retenir

Un rétroplanning efficace est :

» précis : passez en revue toutes les actions, au besoin à l'aide d'un *mind-mapping* qui permet une génération d'idées successives ;
» exhaustif : toutes les tâches à accomplir doivent être citées ;
» prudent : ne définissez pas de délais trop serrés et prévoyez toujours des marges de sécurité.

Construire son plan B pour mieux préparer ses arrières

Si vous ne changez pas votre fusil d'épaule au moment opportun, vos résistances vont continuer à s'amenuiser et votre esprit à s'embuer. Tant qu'il vous reste suffisamment d'énergie et des neurones encore alertes, pourquoi ne pas vous atteler à l'élaboration d'un bon plan B, à déployer le jour où votre coupe, déjà bien (trop) pleine, menacera de déborder ? Peut-être y avez-vous déjà songé...

À retenir

Il ne faut jamais attendre que la situation se gâte pour penser à un plan B. C'est quand le climat est au beau fixe qu'il convient de préparer avec soin l'avenir.

La vie n'étant pas une mer d'huile, profitez des moments d'accalmie pour travailler sur vos options alternatives à déployer « au cas où ». En effet, plus votre esprit sera libéré du stress, plus vous serez enclin à penser au futur et à prendre de bonnes décisions pour les jours ou les mois qui viennent. Des décisions éclairées susceptibles de vous apporter des bénéfices en cas de déboires futurs.

Élaborer un plan B efficace

Entrons à présent dans le vif du sujet : comment construire un bon plan B ? Là encore, il existe quelques étapes incontournables à ne pas négliger.

» **Se poser les bonnes questions.** Par exemple, qu'allez-vous faire si votre perte de motivation au travail est telle que vous multipliez les erreurs ? Si vous n'avez pas la promotion escomptée ? Etc.

» **Passer en revue les différentes options, avec une issue de secours pour chacune.** À ce stade, faites preuve de créativité ! Aucune alternative ne sera jamais saugrenue : elle aura toujours le mérite de nourrir votre réflexion.

» **Sélectionner les alternatives les plus réalistes.** « Quand vous réfléchissez aux alternatives à votre plan B, choisissez de préférence les options où vous gardez un pied là où il est pendant que l'autre pied s'aventure en territoire inconnu. Bifurquez vers un créneau voisin[65] », expliquent les experts de l'entrepreneuriat Reid Hoffman et Ben Casnocha.

Dans tous les cas, veillez à ce que votre issue de secours ne soit pas vécue comme un pis-aller : le niveau de satisfaction de votre plan B doit être au moins égal à celui de votre plan A (la situation actuelle). De plus, cette alternative doit correspondre à vos désirs, à vos objectifs de vie. Elle vous porte vers ce que vous voulez vraiment plutôt que de représenter une fuite d'une situation dont vous ne pouvez plus.

Identifier le point de bascule

Personnellement, je me pose encore beaucoup de questions sur le point de bascule qui nous incite à nous mettre en mouvement : est-ce l'accumulation qui mène au changement ? Surveillons-nous les signes ? Attendons-nous un détonateur ? D'expérience, je me rends compte que nous avons une forte propension à attendre. Attendre le coup de pouce qui va tout faire basculer pour dégainer un plan d'action.

Changer de métier, de service, de stratégie, oui ! Mais quand ?

Parfois, un événement tout à fait anodin peut suffire à bouleverser le cours des choses : une rencontre, un oubli, un projet, une anicroche, une phrase, un mot...

---

65 R. Hoffman, B. Casnocha, *Manager votre carrière comme une start-up*, Éditions Leduc.s, 2013, p. 81.

Le saviez-vous ?

Dans son ouvrage intitulé *Seuls les paranoïaques survivent*[66], Andrew Grove, un des fondateurs d'Intel, qualifie ces événements majeurs de « points d'inflexion stratégiques ». Pour ce businessman américain, le point d'inflexion stratégique correspond à un véritable raz-de-marée, où ce qui était vrai avant ne l'est plus et où, pour survivre, il devient impératif de changer de stratégie. La quatrième de couverture de son livre illustre cette notion par l'histoire d'Intel : « Vers le milieu des années quatre-vingt, les producteurs japonais se mettent soudainement à fabriquer des puces à mémoire. La société Intel connaît alors une crise sans précédent. Pour s'adapter, elle se lance dans l'aventure des microprocesseurs et met à son tour les constructeurs de grands ordinateurs traditionnels en difficulté. »

Une excellente façon d'accueillir un détonateur, quelle qu'en soit sa nature, réside dans votre capacité à sentir les évolutions de votre environnement et à avancer en terre inconnue. N'hésitez donc pas à envisager de nouvelles options, qui sortent de la routine.

Lever ses doutes

Sortir de sa zone de confort en testant de nouvelles alternatives peut très légitimement générer de la crainte, voire de l'angoisse : et si vous n'aviez pas choisi la meilleure option ?

Là encore, la question est légitime, surtout si après avoir mis en place votre nouveau plan d'attaque, vous n'atterrissez pas immédiatement à l'endroit souhaité. Il est donc très important de tester son plan dans la durée, de prendre le temps d'en tirer les enseignements nécessaires, plutôt que de considérer les premiers symptômes comme un signe annonciateur d'échec… ou de réussite.

Si vous avez respecté les grands principes de la construction d'un plan B efficace, il y a fort à parier que le test sera positif. Tester, c'est déjà faire quatre-vingts pour cent du chemin. Les vingt pour cent restants ? De l'intuition !

66 A. Grove, *Seuls les paranoïaques survivent*, Éditions Village Mondial, 2004.

Rappelez-vous la dernière fois où vous avez ruminé : « Je le savais ! J'aurais dû faire comme cela. » En fait, vous ne le saviez pas : vous le sentiez ! Pourquoi ne vous êtes-vous pas écouté ? Faites-vous confiance ; il est parfois souhaitable d'agir « au feeling », avec vos tripes plutôt qu'avec votre cerveau.

Exercice

Vous vous apprêtez à faire un choix ? Avant toute décision, concentrez-vous un instant, par exemple en respirant profondément. Puis posez-vous cette question binaire, toute simple : « Est-ce que je le sens ou pas ? »

Si vous croyez en vous, vous saurez vous pardonner un virage mal négocié.

Vous serez fier de vous, en toutes circonstances. Fier d'avoir tenté, et agi.

DANS CE CHAPITRE

Identifier les leviers de l'immobilisme

•

Remettre l'envie au cœur du débat

•

Savoir se mettre en action efficacement et récompenser ses petites victoires quotidiennes

Chapitre 11

Ne pas remettre à demain...

Peut-être avez-vous déjà eu l'occasion d'observer le phénomène : plus on est débordé, plus on s'attelle à des tâches futiles, rapides, qui ne requièrent que peu d'effort cognitif ou physique. La réalisation de ces tâches à faible valeur ajoutée nous satisfait, car nous avons l'impression d'avancer. « Ça, c'est fait ! » fanfaronne-t-on l'air hilare. Mais le fait de s'attacher à ces petites réalisations repousse d'autant nos dossiers les plus importants, qui finissent par s'accumuler sur notre *to-do list*. En d'autres termes, nous procrastinons. Et c'est la panique à bord ! Car, inévitablement, chaque jour qui passe raccourcit nos délais impartis et renforce le degré d'urgence auquel nous sommes soumis.

Les leviers de la mise en action

D'expérience, j'ai pu constater que, lorsqu'on les « cuisine » un peu, les procrastinateurs arrivent parfaitement bien à identifier les raisons de leur inertie. Pour parvenir à prendre les dossiers à bras-le-corps et à se mettre en ordre de marche au quotidien, un préalable s'impose donc : lister les « faux bons » prétextes de celles et ceux qui remettent à demain ce qu'ils pourraient faire le jour même.

Quatre freins à lever

La liste ci-dessous n'est pas exhaustive. En effet, chaque individu fonctionne selon son propre référentiel de croyances et les leviers qui l'ont guidé depuis l'enfance. Ainsi, en ce qui vous concerne, peut-être identifierez-vous d'autres raisons que les quatre mentionnées ci-dessous.

Le prétexte du « quand »

On se dit que l'on se mettra au travail « quand » on aura déjà fini telle ou telle chose : « quand » on aura davantage de temps, « quand » on aura collecté suffisamment de données, « quand » nos collègues se montreront plus collaboratifs, etc. Le problème du futur est que, par nature, il est hypothétique. Et dans la mesure où nous n'avons pas de boule de cristal, rien ni personne ne peut nous garantir que tout se passera comme prévu.

À retenir

Attendre quelque chose qui ne dépend pas de soi revient à laisser trop de place à l'incertitude... et donc au risque de déconvenues.

Subordonner notre mise en route à un futur dont on ne sait même pas s'il se réalisera risque de nous mener tout droit à l'inertie ! Seul le présent représente le temps de l'action.

Trucs et astuces

Comment transformer le futur conditionnel en présent ?

» Supprimer le conditionnel de votre langage. Au lieu de vous centrer sur le « quand », choisissez une partie de votre projet qui n'est pas conditionnée par un autre événement et mettez-vous à l'ouvrage !

- Dites-vous que le seul moment sur lequel nous avons le pouvoir d'agir, c'est le présent. Dans l'« ici et maintenant », nous disposons de la capacité non seulement d'influencer la majorité des événements mais aussi de limiter leurs conséquences.

Le prétexte du « trop haut »

Une ambition, quelle qu'en soit sa nature, génère des objectifs, et donc des attentes par rapport à la réalisation de ces derniers. En matière d'ambition, plus vous placez la barre haut, plus haut sera votre degré d'inertie. Pourquoi ? Parce que l'objectif extrêmement ambitieux vous semblera insurmontable, et plutôt que de vous lancer, vous êtes tenté de baisser les bras !

Trucs et astuces

Si le « morceau » est trop gros, coupez-le ! Saucissonner un objectif ne signifie pas renoncer : c'est avancer avec prudence et de meilleures garanties.

Il n'y a rien de pire que de s'évertuer à atteindre un objectif inatteignable. Ne pas réussir rend irritable, triste, vulnérable, agressif…

Le prétexte de la mauvaise humeur

Notre humeur est comparable au temps qu'il fait : elle évolue continuellement, tantôt au beau fixe, tantôt en zone de dépression. Mais les flux d'informations qui nous assaillent, les dossiers à traiter, les demandes de nos collègues n'ont rien à faire des fluctuations de notre moral !

Trucs et astuces

Comment cultiver en toutes circonstances un état d'esprit orienté vers l'action ?

- Avancer malgré la tempête, la fatigue ou la dépression qui s'installe dans votre tête. Tant pis si la qualité de votre travail n'est pas au rendez-vous : l'essentiel est d'avoir avancé.
- Pour faire passer votre baromètre au beau fixe, pourquoi ne pas aller discuter avec un collègue qui vous redonne le moral ? Aller vous détendre quelques minutes ? Sortir prendre l'air ? Écouter un peu de musique ?

Le prétexte du « je ne sais pas pourquoi »

Vous savez pertinemment que le fait de laisser traîner vos dossiers risque de vous être reproché, mais rien à faire, vous n'arrivez pas à vous lancer. Le problème ne viendrait-il pas de votre incapacité (elle peut n'être que temporaire) à affronter puis à surmonter vos peurs sociales ? Redoutez-vous d'échouer ? D'être rejeté, mal jugé, humilié ? Quoi d'autre ?

Questionnaire

Pour vous aider à lever ce dernier frein, répondez aux questions ci-dessous.

Quelles sont les activités que vous avez tendance à remettre au lendemain ?

Quelle émotion négative vous freine ? Est-ce la peur, l'angoisse ? La honte ? Essayez de décrire précisément cette émotion. Que ressentez-vous physiquement ?

En règle générale, des personnes de votre entourage viennent-elles perturber vos projets ? Lesquelles ? Que vous disent-elles ?

L'envie, l'arme anti-procrastination

Je vous propose ici un détour par la philosophie, avec quelques enseignements d'Aristote en matière de dynamique d'action.

Selon le philosophe, il existe quatre états propres à chaque individu, variant en fonction des sujets et/ou des situations :

» **L'état de désir et celui de volonté mettent les individus en action.**

» **L'état d'espoir et celui de désespoir les tournent vers la léthargie.**

Parce que l'état de désir traduit une envie profonde, voire une passion, il confère un niveau d'énergie maximal.

L'état de volonté (dans lequel l'individu fait les choses par devoir) permet quant à lui de déployer un niveau d'énergie correct, mais qui risque de chuter dès lors que la personne ne se sent par exemple pas reconnue à sa juste valeur. « À quoi bon travailler autant si c'est pour être payé au lance-pierre ? » se lamente la personne en état de « volonté ».

Tableau 11-1

Les quatre états (et niveaux d'énergie associés) selon Aristote.

Niveau d'énergie : 100	Niveau d'énergie : 10
Désir Envie de faire	**Volonté** Devoir de faire
Niveau d'énergie : négatif	Niveau d'énergie : 0
Désespoir Inutilité de faire	**Espoir** Espoir de faire

Sans aucun doute, un manager préférera s'entourer de collaborateurs qui aiment ce qu'ils font au point d'oublier toute notion de contrainte. « Choisissez un travail que vous aimez et vous n'aurez pas à travailler un seul jour de votre vie », affirmait Confucius. Tout est dit.

Exemple

Si l'on part du principe que la passion pour une activité, un sujet, voire un objet, se mesure au temps qu'on lui consacre lorsque l'on n'est pas contraint de le faire, comment savoir si on est réellement passionné ?

Par exemple, vous postulez à un poste de commercial et déclarez être passionné par l'influence exercée auprès des clients.

Si votre passion ne s'exprime que par le fait d'établir quelques contacts avec des clients fidèles ou des prospects, vous n'êtes sans doute pas passionné. De même, si vous révisez vos argumentaires la veille au soir pour le lendemain. En revanche, si vous passez du temps à cibler votre clientèle, à définir une stratégie d'approche différenciée, c'est déjà différent...

Mais la vie n'est pas faite que de plaisir, d'autant moins quand on est au travail, me direz-vous ! C'est exact.

Il appartient donc au manager d'identifier non pas uniquement les compétences, mais aussi les appétences de ses collaborateurs. Alors que la compétence recouvre les notions de savoir, savoir-faire et savoir-être, l'appétence fait référence à l'envie, à ce que l'on aime faire. Les deux notions ne sont pas antinomiques : elles doivent se compléter.

Une fois les appétences identifiées, il convient, par exemple lors de la fixation annuelle des objectifs, de laisser au collaborateur le loisir de pouvoir les valoriser dans le cadre de la stratégie et des objectifs de l'entreprise. L'idée n'est pas, bien entendu, de ne faire que ce que l'on aime faire, mais de veiller à un juste équilibre entre le devoir faire et l'aimer faire.

Trucs et astuces

Il existe deux façons de découvrir les appétences.

» **Mener un travail d'introspection (par exemple par le biais de la méthode des « pourquoi » détaillée dans le chapitre 3).**

» **Recueillir la perception des autres, par l'intermédiaire d'un *feed-back* constructif de qualité.**

Contrairement aux compétences, qui peuvent aisément s'évaluer (pour connaître son niveau d'anglais, par exemple, il suffit de passer un test), les appétences ne sont pas mesurables, mais elles agissent comme un catalyseur sur le degré de maîtrise des compétences et leur mise en action.

À retenir

Souvenez-vous : la passion aura toujours raison de la procrastination ! L'excuse du manque de temps ne tient pas, quand on se trouve en état de désir. Quelqu'un qui aime réellement ce qu'il fait est capable d'investir du temps au-delà du raisonnable.

Opérer la bascule

Ce n'est pas le fruit du hasard : les tâches que nous avons tendance à reporter aux calendes grecques, celles qui ne s'effacent jamais de notre *to-do list*, celles pour lesquelles chaque jour qui passe génère le commentaire suivant : « Je le ferai demain », ces tâches-là, donc, sont souvent les plus complexes, celles pour lesquelles nous nous sentons peu armés, celles qui nous angoissent. Elles sont pourtant en général bien plus importantes que les détails que nous nous attachons à régler au quotidien.

Questionnaire

Pensez à une tâche qui, chaque jour, chaque semaine, se reporte invariablement sur votre liste des choses à réaliser. Notez-la.

Pourquoi reportez-vous cette tâche ?

Existe-t-il des tâches de même nature, impliquant les mêmes interlocuteurs, le même environnement, que vous avez déjà reportées ?

____

____

____

Si oui, pourquoi ? Quelles en sont selon vous les raisons rationnelles ?

____

____

____

Au-delà de vos explications rationnelles, quels sentiments ressentez-vous à l'idée de devoir vous lancer dans l'action (peur, ennui, énervement...) ?

____

____

____

Selon vous, d'où vient cette émotion ?

____

____

____

Le sentiment généré à l'idée même de se lancer dans la tâche mérite que l'on s'y arrête. Non seulement pour comprendre le fondement du phénomène, mais aussi pour briser notre tendance à procrastiner. Ainsi, il nous sera bien plus facile d'anticiper les choses et de régler chaque problème à temps.

Exercice

Le tout consiste à initier une dynamique, afin de se mettre en mouvement.

» **Plusieurs jours avant la fin du délai de réalisation imparti, commencez à ouvrir le dossier dont vous savez pertinemment qu'il va rester scotché à votre *to-do list*.**

» **Commencez par recenser vos acquis : les informations dont vous disposez déjà, les collègues que vous pouvez solliciter sans efforts, les processus que vous maîtrisez parfaitement, etc.**

» **Chaque jour, réalisez un petit pas dans l'avancée de cette tâche, par exemple en commençant à y travailler quelques minutes.**

Au moins, vous aurez ainsi l'impression d'avoir commencé, et c'est bon pour le moral !

Ce sont les petites avancées qui vous donneront l'énergie de poursuivre...

Se mettre en ordre de marche au quotidien

Pour conclure cette troisième partie consacrée à l'anticipation, à la planification et à la construction d'un état d'esprit positif et agile, je traiterai deux incontournables auxquels on ne pense pas forcément, mais qui agissent comme de puissants moteurs à la mise en action. En effet, à quoi bon planifier et anticiper si l'action ne suit pas ?

Visualiser la ligne d'arrivée

Le simple fait de visualiser un objectif à atteindre fait travailler le cerveau et révèle toute la puissance de notre mental. En effet, celui-ci ne fait pas forcément la différence entre ce qui relève de l'imaginaire et ce qui relève du réel !

Par ailleurs, rien de tel que d'imaginer sa ligne d'arrivée pour savoir quelle distance parcourir, dans quelles circonstances, et quel meilleur chemin emprunter pour y parvenir. À ce titre, rappelez-vous les enseignements des études menées par Gabriele Oettingen (voir chapitre 9) et la première étape de la méthode « WOOP ».

Les sportifs sont des grands adeptes de la visualisation d'objectifs, qui les aide à créer les conditions de leur réussite en compétition. Mais ce procédé peut aussi être appliqué dans la sphère professionnelle, par exemple pour remporter un appel d'offres, remplir ses objectifs annuels ou encore lancer un produit.

Concrètement, comment fait-on ?

» **Tout d'abord, une bonne concentration s'impose : choisissez un lieu calme, où vous ne serez pas dérangé. Éteignez votre smartphone. Tentez de vider votre esprit, respirez profondément afin d'oxygéner votre cerveau.**

» **Pensez à votre objectif, visualisez-le. Vous pouvez le noter sur une feuille de papier, afin de vérifier notamment sa « smartitude » (voir chapitre 3).**

» **Ensuite, faites entrer vos émotions dans la danse : qu'allez-vous ressentir quand cet objectif sera atteint ? Essayez de vivre vos émotions dans « l'ici et maintenant ».**

» **Mettez régulièrement en scène votre film mental : visualisez le jour, l'heure, l'instant où vous allez atteindre votre objectif. Qu'est-ce qui se passera alors ? Essayez de ressentir les ondes positives qui résulteront de cette réussite, en utilisant vos cinq sens. Jouez et rejouez votre film !**

Trucs et astuces

Afin de renforcer le pouvoir de votre film mental, vous pouvez tout à fait représenter votre objectif par une image ou un symbole qui vous servira d'ancrage chaque fois que vous repenserez à votre objectif.

Notez que cette technique peut être appliquée à des micro-objectifs qui se répètent quotidiennement. Par exemple, lorsque vous fixez l'heure de votre départ du bureau le soir : avoir recours à une technique d'ancrage (aller laver votre mug ou fermer votre armoire à clé avant de partir) permet à votre cerveau de prendre conscience du temps qui est passé et de lui indiquer que c'est le moment de se mettre en mode « off » !

Se récompenser

> « *Vous pouvez combattre votre tendance à la procrastination [...] en récompensant votre bon comportement*[67]. »
>
> Tony Crabbe

Sans récompense, « la vie devient stérile, morne, ennuyeuse, sans passion. [...] Prendre trois minutes pour écouter notre chanson préférée même si la pile de tâches à faire vacille, passer une heure avec notre meilleure(e) ami(e) malgré la date butoir qui approche, ou aller au cinéma alors qu'on a le sentiment que tout s'écroule autour de nous... Tout cela peut paraître irresponsable, mais c'est peut-être la meilleure chose à faire, pour notre salut et celui des autres[68] », note Tal Ben-Shahar, l'expert de la psychologie positive.

Questionnaire

Il faut savoir se récompenser, régulièrement et sans attendre.

Par quels moyens pourriez-vous récompenser vos efforts ?

____

____

____

Que pensez-vous mériter si vous réussissez à avancer malgré vos freins ?

____

____

____

67 T. Crabbe, *Plus jamais débordé ! op. cit.*, p. 205.

68 T. Ben-Shahar, *Choisir sa vie*, *op. cit.*, p. 125-126.

Notez les effets procurés par les récompenses que vous vous êtes octroyées.

____

____

____

Plutôt que de penser à tous les dossiers que vous n'avez pas eu le temps de boucler avant de quitter le travail, apprenez à regarder, en fin de journée, tout ce que vous avez réussi à accomplir dans la journée et récompensez-vous pour tous les efforts fournis.

Vos récompenses diffuseront en vous un afflux d'enthousiasme et d'ardeur qui vous rendra encore plus efficace, encore plus créatif, encore plus réceptif aux gratifications des autres... En un mot, encore plus heureux, au travail et ailleurs !

Partie 4

Simplifier son quotidien : une question d'état d'esprit... et de management

Dans cette partie...

Cette partie a avant tout pour objectif une prise de conscience. Prise de conscience que les entreprises auront beau redoubler de créativité pour mettre à disposition des collaborateurs des outils et programmes visant à améliorer l'organisation, le bien-être et les conditions de travail, ces mesures ne porteront leurs fruits que si elles s'accompagnent d'une stratégie multidirectionnelle. Cette stratégie s'articulera d'abord autour d'un travail sur l'état d'esprit des équipes. Ensuite, il conviendra de miser sur la congruence et de sortir des injonctions managériales paradoxales, en se donnant réellement les moyens d'améliorer le bien-être au travail. Enfin, nous consacrerons un chapitre entier au management, dont le rôle en matière d'organisation au travail et de régulation de la charge mentale des équipes s'avère crucial.

DANS CE CHAPITRE

Apprendre à garder la main sur son environnement, en toutes circonstances

•

Ancrer de nouveaux mantras, pour (re) trouver bien-être et plaisir au travail

Chapitre 12

Non, la charge mentale n'est pas une fatalité

Améliorer son organisation et combattre la charge mentale est à la portée de tous... à condition de le vouloir vraiment. Et de cesser, en cas d'échec ou de difficultés, de jouer les victimes. C'est sûr, lorsque les choses ne se réalisent pas comme prévu, il semble plus facile de se mentir en incriminant des éléments extérieurs, plutôt que de se regarder droit dans une glace. Cela revient à jeter aux oubliettes son estime de soi et, d'autre part, à rester englué dans des situations qui ne conviennent pas, en adoptant une position passive de victime.

Vous l'avez saisi, la victime dont nous parlons ici n'a pas fait l'objet d'un vol à l'arrachée ou d'un acte de vandalisme ! Pourtant, elle aussi se fait abuser. « Elle se laisse manipuler de façon nettement plus insidieuse, par des individus ou des événements la conduisant malgré elle dans une direction qu'elle n'aurait pas spontanément choisie[69]. »

69 L. Bourgeois, *Les Gens heureux ont toujours un plan B*, *op. cit.*, p. 109.

Paroles de victimes au travail

- « Je me suis fait damer le pion par ma collègue. Forcément, c'est un bon copain du recruteur. »
- « Les ventes ne décollent pas. Normal, nos commerciaux sont des bons à rien ! Et puis c'est la crise... »
- « Oui, je m'éparpille... Mais c'est à cause de ma collègue, elle me dérange à longueur de journée. »
- « Ah ! Si mon chef était plus reconnaissant... » ;
- « Ah, si mes collègues bossaient un peu plus... »

Stop à la victimisation ! Il est temps de reprendre la main, et sans attendre. Voyons comment procéder.

Décider de changer et reprendre la main

Vous avez l'impression que votre vie au travail vous échappe ? Ne cherchez plus : quelqu'un vous manipule... Et s'il vous manipule, c'est que, quelque part, vous l'autorisez à le faire !

Pourquoi organiser sa vie en fonction des désidératas des autres ? Pourquoi continuer de se laisser guider par des forces externes contraires à sa volonté ? Pourquoi se laisser faire en permanence sans oser s'affirmer ?

Si tant de personnes se trouvent tout le temps des excuses pour fuir leurs responsabilités, c'est bien souvent par confort, par crainte du jugement d'autrui ou par complaisance. Le plus curieux, c'est que toutes les victimes savent pertinemment que leurs prétextes ne sont en réalité qu'un ramassis de mensonges, auxquels elles s'efforcent de croire tant bien que mal.

À retenir

En cas d'échec, ne fuyez pas vos responsabilités : la première personne vers qui vous tourner, c'est vous !

En matière d'affirmation de soi, une victime ne sera jamais trop rebelle. Il est possible de stopper toute manipulation sans tomber dans l'arrogance ou l'agressivité, simplement en sachant dire non et en faisant preuve de résistance (nous reviendrons largement sur ce point dans le chapitre suivant).

En d'autres termes, pour reprendre la main, une victime non responsable doit s'attacher à passer du statut « passif » au statut « actif ».

Passer du mode « passif » au mode « actif »

Qui vous empêcherait, là, maintenant, de cesser de vous comporter en victime ? De vous ménager un peu, même au travail ? De faire des pauses pour recharger vos batteries ? De vous octroyer des petits instants de détente ? De vous accorder, tout simplement, le droit d'en faire moins ? Si vous avez envie d'aller bavarder avec votre collègue du service d'à côté, qu'à cela ne tienne !

Très bien, mais comment s'y prendre quand personne d'autre que vous ne peut gérer les dossiers qui attendent en pile sur votre bureau ? Quand votre chef panique dès que vous levez le nez de votre ordinateur ? Comment stopper votre rythme infernal et vous ménager un espace pour respirer un peu ?

À retenir

Plus on se sent débordé, plus il est important (voire vital) de s'arrêter. « Si vous ne vous occupez pas de vous-même, qui le fera à votre place ? Et qui d'autre que vous peut savoir ce qui vous est nécessaire, ce qui est souhaitable à votre bien-être[70] ? » questionne à ce titre le psychiatre Christophe André.

Si vous ne changez ni de rythme ni d'habitudes, vous continuerez d'endosser votre rôle d'employé modèle, et tous continueront de vous regarder de la même façon. Il n'appartient à personne d'autre qu'à vous de sortir de cette spirale infernale.

---

70 Ch. André, *Imparfaits, libres et heureux*, *op. cit.*, p. 68.

Exercice

Si vous avez lu avec attention les chapitres précédents, vous savez comment gagner en efficacité dans votre travail au quotidien. Cela commence par un réaménagement de votre agenda !

- Comment allez-vous occuper le temps que vous avez réussi à dégager ? Selon quel rythme ? Quelle forme va-t-il prendre ? Une sortie par semaine entre copains ? Une heure de cours de danse par mois ? Ne vous imposez aucune limite ! À condition qu'elle vous fasse du bien et vous change les idées, toute activité plaisante est bonne à prendre.
- Bloquez ce créneau quoi qu'il arrive, sous peine de le voir passer à la trappe au premier empêchement venu. Signifiez à votre entourage que vous avez l'intention d'exiger que l'on respecte vos décisions. Tenez bon !
- Comportez-vous de la même façon que les personnes que vous respectez.

À retenir

Le respect : voilà une notion essentielle en matière d'allègement de la charge mentale. Se respecter, c'est aussi respecter les autres. C'est entrer dans un cercle vertueux :

- Plus on s'occupe de soi, plus on s'apprécie tel que l'on est, plus on s'évalue à sa juste valeur et, par voie de conséquence, plus on prend soin de soi.
- Plus nous nous occupons de nous, plus notre entourage nous renvoie une image positive. L'effet miroir joue à plein : on respectera davantage un collaborateur bien dans sa peau, on lui confiera davantage de responsabilités, on sera plus enclin à lui faire confiance.
- Plus on s'occupe de soi, plus on se sent en harmonie avec soi-même, dans une démarche d'ouverture aux autres.

Inspirer le respect et gagner la confiance de ses interlocuteurs se travaille ! À commencer par sa posture en général (attitudes, gestes, habillement, regard, tout compte). Et par son attitude déterminée à ne plus se laisser faire !

Réussir à changer le cours des choses passe par l'affirmation de soi et nécessite d'exprimer ce que nous voulons et ce dont nous ne voulons pas (ou plus), en donnant notre avis, en laissant parler nos émotions et nos ressentis. Tout cela ne constitue-t-il pas la base du respect de soi ?

Attraper son kairos

Nous avons tous connu dans notre vie des instants privilégiés, décisifs, où notre intuition nous a soufflé que tout pouvait basculer et que c'était le moment opportun pour agir : dans ces moments-là, Kairos est passé près de nous ! Mais ça, nous ne pouvions pas le savoir…

Le saviez-vous ?

Kairos est un petit dieu grec aux pieds ailés. Plus jeune fils de Zeus, il est le dieu de la chance. Il est représenté sous la forme d'un jeune homme qui porte une seule grande mèche de cheveux à l'avant de la tête.

Kairos est le dieu de l'occasion opportune, par opposition à Chronos (le dieu du temps qui passe, le temps physique mesuré chronologiquement et de façon linéaire). Il symbolise le temps qu'il faut saisir, le temps propice qui ne se représentera pas. Ainsi, quand l'esprit reconnaît le bon moment, il ne faut pas hésiter longtemps si on veut saisir sa chance, et attraper la mèche de cheveux de Kairos au moment où il passe !

Si Kairos trouve sa place dans cet ouvrage, c'est parce qu'il fait référence à la notion de temps. Si chacun d'entre nous a un rapport différent au temps, nous savons tous à quel point celui-ci structure notre pensée et notre vie quotidienne. C'est bien simple : le temps est partout ! Au point que la précision de sa mesure a toujours représenté une quête scientifique. On le mesure maintenant grâce à l'atome de césium, avec une précision de l'ordre de seize chiffres après la virgule d'une seconde !

Quand on parle de planification et d'organisation, la gestion du temps est primordiale. C'est le chronos qui nous guide, ce temps qui s'écoule de façon inéluctable et auprès duquel nous courons.

Mais quand on décide d'opérer des changements dans sa vie (par exemple, nous décidons de reprendre le dessus ou de mettre au point une organisation qui va définitivement nous permettre d'y voir plus clair), le temps trouve aussi sa place sous la forme du kairos. Il s'agit alors de ne pas rater l'occasion de l'attraper, en évaluant très rapidement une situation et en adoptant une attitude efficace.

Quand allons-nous décider que ce qui se passera demain ne sera plus jamais comme ce qui s'est passé jusqu'à présent ? À partir de quand allons-nous considérer que les planètes s'alignent ? À quel moment allons-nous instaurer un point de bascule, avec un avant et un après ?

Trucs et astuces

Le kairos est difficile à identifier. Nous pouvons très bien passer à côté de lui sans le voir, ou bien tenter en vain de l'attraper. Si vous vous êtes déjà dit : « Je sens que maintenant est le bon moment pour agir », sans avoir forcément d'éléments objectifs validant cette affirmation, c'est que Kairos était proche de vous !

Le kairos ne se mesure pas. Il est immatériel, il se ressent dans le moment présent. Si vous envisagez de prendre un nouveau virage, soyez vigilant, ne manquez pas le prochain passage de Kairos !

Adopter de nouveaux mantras

Dans l'hindouisme et le bouddhisme, les mantras correspondent à des « syllabes ou phrases sacrées dotées d'un pouvoir spirituel ». Ces petites formules, très en vogue dans le monde de la psychologie positive notamment, représentent des leçons de vie, de véritables déclics pour les individus désireux d'opérer des changements profonds dans leur existence.

Tout changement de vie passe par la volonté et la capacité de se forger un état d'esprit porté par des croyances fortes. Par exemple, vous pouvez être convaincu que « dans la vie, on n'a rien sans rien » (conviction selon laquelle seule la détermination peut mener à la réussite) ou bien que « l'on n'a que ce que l'on mérite » (conviction basée sur une responsabilisation de l'individu par rapport à son environnement). Nous avons tous nos convictions, que nous pouvons ériger en mantras. J'ai les miennes, vous aurez les vôtres.

Je vais vous proposer ci-après quelques mantras que je trouve pertinents pour qui souhaite commencer à alléger sa charge mentale.

Dans la vie, on a tous le droit d'en faire moins

> « *Ah ! Qu'il est doux de ne rien faire.*
> *Quand tout s'agite autour de nous*[71]. »

En faire moins ? « Impossible ! objectez-vous déjà. Qui le fera à ma place ? »

À la seule pensée que vous pourriez prendre du bon temps, surtout au travail, votre vie s'écroule. Mais soyez sûr d'une chose : tant que vous n'aurez pas intégré le droit à la « paresse momentanée », vos plus belles résolutions seront susceptibles d'échouer. En effet, plus vous serez serein et détendu, plus vous mettrez les chances de votre côté de prendre des décisions réfléchies et de canaliser votre énergie sur l'essentiel. Moins vous jonglerez entre toutes les tâches qui jalonnent votre quotidien, plus vous vous sentirez en harmonie avec vous-même, bien dans votre poste et dans vos responsabilités.

Alors plutôt que d'être esclave de votre montre et de votre *to-do list*, plutôt que de considérer comme un ennemi à abattre tout ce qui vous freine dans votre course, ralentissez le rythme ! Dans son *Éloge de la lenteur*, le journaliste canadien Carl Honoré fait l'apologie du *Slow Movement*[72]. Non qu'il convienne de tout faire à une allure d'escargot, mais il s'agit de trouver simplement un meilleur

71 Citation extraite de *Galathée*, opéra-comique de Jules Barbier et Michel Carré.

72 C. Honoré, *Éloge de la lenteur*, Éditions Marabout, 2013.
Le *Slow Movement* est apparu dans les années 1980. Partant du constat que l'on est victime du stress de la vie moderne, ce mouvement préconise de ralentir son rythme de vie.

équilibre en préférant la qualité à la rapidité. Pourquoi s'évertuer à tout faire en quatrième vitesse ? Où est l'urgence ? Qu'est-ce qui est le plus important ? Relisez cette phrase : « Qu'est-ce qui est le plus important ? » Relisez à présent ceci : « Dans la vie, on a tous le droit d'en faire moins. » Alors, qu'en dites-vous ?

Dans la vie, on n'a pas (toujours) à se justifier

> “ *Avoir à démontrer aux autres sa valeur signifie que l'on est dominé par eux*[73]. ”
>
> Wayne W. Dyer

Quand on était enfant, la docilité était de mise. À trop vouloir faire plaisir, nous avons mis nos envies en sourdine, nous nous sommes effacés. Dans le monde du travail, le lien de subordination qui unit l'employeur et l'employé a tendance à nous replonger dans ce schéma de dépendance, voire de soumission. Mais, au fond, hormis l'obligation de remplir les objectifs qui nous sont assignés, de respecter les règles qui nous sont imposées et de répondre aux directives qui nous sont données, rien ne nous oblige à dire amen à tout ! Un employeur préférera d'ailleurs un collaborateur qui remet en question les idées reçues, qui ne prend pas pour argent comptant tout ce qu'on lui demande, qui critique (la critique constructive est extrêmement productive), qui challenge, plutôt qu'un béni-oui-oui.

En ce qui concerne la justification, les apports de l'analyse transactionnelle (ou AT, pour les initiés) sont très pertinents. Personnellement, l'analyse transactionnelle m'a apporté de précieux enseignements dans les mécanismes régissant les relations interpersonnelles, tant au niveau personnel qu'en milieu professionnel. Il s'agit d'une « théorie complète de la personnalité. En partant principalement des comportements observables des

73 W. W. Dyer, *Ne vous laissez plus faire ! 10 leçons pour s'affirmer*, Éditions J'ai lu, collection « Bien-être », 1984 (pour l'édition française), p. 166.

hommes (actes, paroles, langage corporel, etc.), [elle est] complémentaire aux approches psychologiques plus traditionnelles[74] ».

Un des concepts de base de l'analyse transactionnelle repose sur les positions de vie[75]. Cette notion renvoie aux questions suivantes : quelle image avez-vous de vous-même et des autres ? En d'autres termes, et selon le langage emprunté à l'analyse transactionnelle, « êtes-vous OK » avec vous-même ? « Êtes-vous OK » avec les autres ?

Le saviez-vous ?

L'analyse transactionnelle identifie quatre positions de vie :

» **Je suis OK, vous êtes OK (+/+) : attitude de coopération. C'est la relation idéale selon l'analyse transactionnelle.**

» **Je suis OK, vous n'êtes pas OK (+/–) : attitude de domination (mépris, supériorité envers les autres).**

» **Je ne suis pas OK, vous êtes OK (–/+) : attitude de retrait (soumission, sentiment d'infériorité).**

» **Je ne suis pas OK, vous n'êtes pas OK (–/–) : attitude de renoncement.**

Aujourd'hui, rien ne nous oblige à continuer sur la voie de la soumission et de la justification. Pourquoi aurions-nous à rendre compte de tous nos faits et gestes ? S'octroyer le droit d'en faire moins, de faire différemment ou encore négocier des ressources supplémentaires nécessite une certaine dose de confiance en soi, et le passage d'une attitude dite de retrait à une attitude de coopération.

---

74 A. Cardon, V. Lenhardt, P. Nicolas, *Mieux vivre avec l'analyse transactionnelle*, Éditions Eyrolles, 2005, p. 11.

75 D'après M. James, D. Jongeward, *Naître gagnant*, InterÉditions, 2000, p. 39.

Dans la vie, si on fait toujours la même chose, on obtient toujours le même résultat

« Si vous séchez, changez de stylo. »

Paul Arden

On considère souvent que notre capacité à passer à l'action passe par l'expérience. Le principe semble somme toute plutôt logique : plus nous pratiquons une activité, toujours la même, plus nous nous familiarisons avec cette dernière, et plus nous nous sentons à l'aise. De ce fait, nous hésitons bien souvent à changer, d'autant que bien souvent, le changement fait peur.

Trucs et astuces

Un bon moyen d'affronter ses peurs ? Passer à l'acte ! En effet, à la seconde même où nous entrons en action, nous nous concentrons sur ce que nous faisons et ne pensons même plus à avoir peur ! Tout simplement parce que le fait d'agir nous sort de notre monde intérieur, où se terrent nos angoisses, pour nous mener dans le monde extérieur, celui où nous visons des résultats.

Les occasions d'agir (et, idéalement, d'agir différemment de nos habitudes) ne manquent pas : demain, par exemple, demandez de l'aide à votre collègue pour organiser une réunion. Ou bien déléguez une tâche. Cette sollicitation sera un début ; peu à peu, les personnes qui vous entourent prendront un nouveau pli. Je vous encourage à faire chaque jour de petites incursions vers des terres encore inconnues. En la matière, une suite de petits pas est toujours préférable à un grand saut, non seulement pour (re)gonfler progressivement la confiance en soi, mais aussi pour permettre à votre entourage professionnel d'assimiler vos nouvelles façons de faire ou de vous comporter. « Comme tu as changé depuis quelque temps... » vous rétorquera votre collègue avec une pointe de jalousie dans la voix. « Tu ne réponds donc plus à mes messages ? » s'étonnera un autre... Votre entourage sera sans doute très sensible aux changements que vous opérez !

DANS CE CHAPITRE

Apprendre à allier la rationalité et la légèreté, la concentration et le plaisir au travail

•

Savoir surseoir aux périodes de surchauffe

•

Prendre conscience du pouvoir de l'état d'esprit

•

S'attacher à prendre soin de soi, en travaillant sa respiration

Chapitre 13
Travailler son équilibre cérébral

C'est vrai en matière d'organisation, mais aussi dans notre alimentation, dans l'exercice d'un sport ou encore dans nos comportements : « Tout est question d'équilibre. » L'équilibre, me direz-vous, s'acquiert dans la modération. Pas uniquement. Il est le fruit d'une harmonie entre nos deux hémisphères cérébraux. Ne faire travailler que notre cerveau gauche nous exposerait à la rigidité. La sur-sollicitation de l'hémisphère droit risquerait de nous conduire, à l'inverse, à une fantaisie débordante.

Ensuite, l'équilibre ne saurait s'obtenir sans une conception efficace de l'organisation, certes, mais aussi sans un respect du rythme et des besoins propres à chacun. Comment s'organiser et rester concentré, donc, tout en conservant son enthousiasme et en cultivant le plaisir au travail ?

Qui dit équilibre dit aussi rupture : savoir passer du mode « marche » au mode « pause », débrancher nos systèmes électriques internes pour éviter la rupture de faisceaux.

Enfin, la performance heureuse ne peut être obtenue que si l'on prend soin de soi, et cette attention du quotidien commence... par l'art de respirer !

Quand trop d'organisation tue l'organisation

Si une bonne organisation représente une condition *sine qua non* pour combattre la charge mentale, certaines personnes peuvent se perdre dans un excès d'organisation. Et transformer leur quotidien de travail en un carcan de délais à respecter, de processus à suivre, d'indicateurs à atteindre, etc. Trop d'organisation, donc, peut tout simplement tuer l'organisation.

Le saviez-vous ?

L'expression « trop de *x* tue *x* » est issue d'une analyse de l'économiste contemporain américain Arthur Laffer. Ce dernier a démontré qu'au-delà d'un certain seuil de prélèvement fiscal, plus la pression fiscale augmente, plus les recettes diminuent, en raison de l'effet dissuasif généré sur l'offre de travail (les agents économiques, surtaxés, seraient conduits à moins travailler et, *de facto*, à faire baisser les recettes de l'État).

Comment trouver le juste milieu ?

» Déjà, il faut prendre conscience du fait que l'organisation n'est pas une fin en soi : c'est un moyen de mieux réguler sa journée et ses activités. C'est l'organisation que nous décidons de mettre en place, qui s'adapte à nos objectifs, et non l'inverse !
Ce point est très important à garder en tête, dans la mesure où certaines personnes qualifiées de « cerveau gauche », centrées sur une planification, un souci exacerbé du détail, une organisation sans faille, une vie réglée au dixième de millimètre, ces personnes-là, donc, arrivent à laisser en arrière-plan (voire à oublier complètement) leurs vrais objectifs, ceux qui donnent du sens à leur existence.

» Ensuite, garder à l'esprit que chaque organisation est propre à chacun. Il n'existe pas une organisation unique et une seule : elle dépend de la nature de vos objectifs, de votre charge de travail ou encore de la façon dont vous accueillez les informations.

» Enfin, il est toujours souhaitable de privilégier une « organisation heureuse ». Vous vous complaisez dans la désorganisation, voire le chaos ? Commencez à structurer les choses pas à pas, en respectant votre écologie interne ; il est nécessaire de se sentir à l'aise avec l'organisation que l'on met en place.

Cultiver son enthousiasme

> « *Rien de grand ne se fit jamais sans enthousiasme.* »
>
> Ralph Waldo Emerson

Facile à dire, de conserver son entrain, lorsqu'on a l'impression de devoir tout gérer… Il est vrai que l'enthousiasme est par nature un sentiment fugace et fragile. Sa préservation implique donc la plus grande vigilance. Un dossier de trop, un collègue qui débarque en trombe dans votre bureau, un client qui n'honore pas ses factures, un fournisseur qui annule un rendez-vous… l'enthousiasme peut très vite disparaître.

Alors comment faire pour préserver sa bonne humeur ?

» Tout d'abord, rêvez ! En matière de rêve ou d'ambition, comme nous l'avons expliqué dans le chapitre 3, on n'est jamais trop fou. Le rêve donne du sens, la direction à suivre. « C'est le meilleur carburant possible pour garder de l'élan[76] », note Hervé Gougeon, fondateur d'Edifia.

» Ensuite, fuyez les oiseaux de mauvais augure, qui ruminent à longueur de journée et voient tout en noir. Leurs états d'âme sont extrêmement contagieux : quelques minutes passées à leurs côtés arrivent à vous saper le moral et à torpiller votre bonne humeur.

» Enfin, faites-vous confiance ! Vous seul savez ce qui vous fait du bien. Qu'attendez-vous pour cultiver ces plaisirs et les faire passer avant les détails qui clochent ?

---

76 H. Gougeon, *Un bourdon sur les chemins de la réussite*, *op. cit.*, p. 196.

Correctement actionnés, ces leviers devraient vous faire retrouver quelque chose qui fait sans doute défaut à la majorité des personnes en état de surmenage : le sourire…

Selon une étude publiée dans la revue *Psychological Science* et menée par Tara Kraft et Sarah Pressman de l'université du Kansas[77], non seulement le sourire (même quand il est forcé) représente une véritable arme antistress, mais il contribue aussi grandement à combattre les maladies cardiovasculaires !

Alors souriez, même sans raison ! Les collaborateurs qui rayonnent offrent l'image de salariés heureux et, sous-entendu, engagés et productifs !

Travaillez sur votre aptitude à vous montrer de bonne humeur et avenant : c'est un facteur clé de succès, notamment à l'approche de la période des évaluations de fin d'année ! Car « si la capacité à sourire n'est jamais formalisée en tant qu'objectif à part entière dans les formulaires d'évaluation concoctés par les directions des ressources humaines, votre degré d'optimisme demeure un critère d'appréciation, qu'on le veuille ou non[78] » !

Les trois piliers énergétiques

Quand nous sautons d'une tâche à l'autre, avec l'impression de toujours devoir être au four et au moulin, nous tournons en surrégime, dépensant une énergie considérable. Cette énergie nous propulse dans l'action. Elle est indispensable : « L'énergie, c'est 75 % de la réussite[79] », soulignait le célèbre publicitaire Paul Arden. De l'énergie, vous en avez à revendre ! Oui mais voilà…

---

77 T. Kraft, S. D. Pressman, « Grin and Bear it. The influence of Manipulated Facial Expression on the Stress Response », *Psychological Science*, 24 septembre 2012.

78 L. Bourgeois, *Profession artiste. Vivre de son art*, Éditions Eyrolles, 2012, p. 210.

79 P. Arden, *Vous pouvez être ce que vous voulez être*, *op. cit.*, p. 24.

Le saviez-vous ?

Chaque individu recèle en lui trois sources énergétiques :

» L'intellect, sous la notion de quotient intellectuel (QI) ;

» Le physique, avec le quotient physique (QPH) ;

» Le cœur et les émotions, avec le quotient émotionnel (QE).

Figure 13-1

Les trois types de quotient

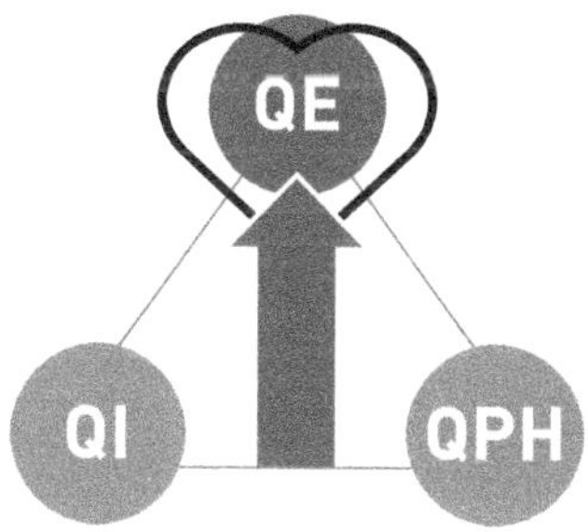

Avez-vous remarqué que lorsque vous êtes surmené, deux de ces trois moteurs fonctionnent à plein régime : l'intellect (vous devez penser à tout, tout le temps et pour tout le monde) et le physique (vous vous démenez dans tous les sens en sautant de tâche en tâche).

Votre quotient émotionnel, quant à lui, n'est pas toujours au bon niveau. En effet, votre surchauffe intellectuelle et physique a fini par assécher votre cœur. Vous laissez de côté vos émotions, vous réfugiant (de plus, souvent de façon tout à fait inconsciente) dans des activités cognitive et physique très intenses.

Écoutez-vous ! Prenez le temps d'apprécier ce qui vous entoure. Ce n'est qu'à cette condition de « double écoute », interne et externe, que vous pourrez rétablir le juste ordre des choses. Car si l'un de vos trois piliers est défectueux, c'est toute la machine qui risque de dérailler… avant de tomber !

Atteindre l'état de « *flow* »

Le concept de *flow* a été décrit pour la première fois par le psychologue et chercheur hongrois Mihály Csíkszentmihályi dans les années 1970. En psychologie positive, on entend par *flow* (ou flux, en français) un état mental atteint par un individu lorsqu'il est complètement absorbé dans une activité et que de ce fait, il se trouve dans un état de concentration (et donc de performance) maximal. Son engagement est extrêmement soutenu et il retire une intense satisfaction de ce qu'il accomplit. Un peu comme s'il se laissait flotter, soutenu par une mer salée, sans faire d'efforts, voguant tranquillement vers son objectif. Si la situation paraît si harmonieuse, c'est parce que cet individu perçoit (le terme a son importance) ce qu'il fait de façon plaisante, voire amusante. Cet état de grâce, bénéfique aussi bien pour le corps que pour l'esprit, porte les individus vers leurs objectifs les plus profonds.

Mais atteindre l'état de *flow* ne se décrète pas. Quelques caractéristiques doivent être réunies pour atteindre cet état que Mihály Csíkszentmihályi considérait comme le plus propice au bonheur.

Trucs et astuces

Comment créer un environnement favorable à l'atteinte d'un état de *flow* ?

» Ayez un ou des objectif(s) parfaitement clair(s) : dès le matin, vous savez ce que vous avez à faire, et pourquoi. Les règles du jeu sont ainsi parfaitement connues, et vous pouvez définir vos sous-objectifs.

» Veillez à respecter un bon équilibre entre le plaisir et l'effort. On fait bien ce que l'on aime faire, mais on ne peut pas tout le temps faire ce que l'on aime !

» Soustrayez-vous des tracas et des déceptions du quotidien en revenant à l'essentiel.

» Étanchéifiez votre cerveau. Vous êtes à la machine à café avec votre collègue ? Restez concentré sur la discussion, humez le parfum du liquide chaud dans votre gobelet, sentez-le glisser dans votre gorge. Rien d'autre.

L'état de *flow* correspond à un moment où notre corps et notre esprit sont en parfaite harmonie, sans aucun parasitage. Dans cet « ici et maintenant », nous avons la capacité non seulement d'influencer la majorité des événements mais aussi, et surtout, d'agir sur la façon dont nous choisissons de les vivre.

Cerveau gauche ou cerveau droit ?

Aussi surprenant que cela puisse paraître, une organisation efficace au travail ne doit pas reposer uniquement sur la mobilisation de notre cerveau gauche. Pourquoi ? Tout simplement pour ne pas nous transformer en machines de guerre de l'organisation privées de toute créativité et sensibilité. Souvenez-vous : trop d'organisation tue l'organisation !

Le saviez-vous ?

L'hémisphère droit de notre cerveau gère les images, les émotions, les intuitions. Il innove. Une personne « cerveau droit » utilisera par exemple volontiers les comparaisons. Le cerveau droit, c'est le lieu du ressenti et de la créativité. Cet hémisphère est donc particulièrement développé chez les individus que l'on qualifie de « créatifs ».

L'hémisphère gauche, quant à lui, analyse les situations et les problèmes. C'est l'hémisphère du raisonnement. Il gère le langage et les codes. Une personne très « cerveau gauche » a un esprit logique, rationnel, analytique. Elle sait analyser et mettre en œuvre des plans d'action efficaces répondant à des objectifs précis.

Cela fait déjà longtemps que les neuroscientifiques ont établi l'existence d'une asymétrie cérébrale, c'est-à-dire de « l'inégale implication des deux hémisphères du cerveau dans les différentes fonctions mentales[80] ».

L'idéal consiste à favoriser la communication entre ces deux cerveaux, de façon à sentir dans un premier temps ce qui serait approprié pour gérer une situation donnée (cerveau droit), puis à identifier et mettre en œuvre les bons outils pour l'appréhender le

80 Source : Wikipédia, « Asymétrie cérébrale », mise à jour janvier 2020.

plus efficacement possible (cerveau gauche). Même si chacun fait appel à ces deux hémisphères, notre éducation ou notre formation nous a parfois conduits à privilégier l'un plutôt que l'autre. Quoi qu'il en soit, je suis convaincue d'une chose : un roi (ou une reine) de l'organisation ne peut réussir que grâce à un « cerveau droit » également développé.

Pour cela, il convient de s'astreindre à un minimum de gymnastique... cérébrale !

Alterner le « on » et le « off »

« Notre corps n'a pas été conçu pour être perpétuellement en action. Il a été conçu pour passer alternativement de l'état actif à l'état passif et inversement. [...] Lorsque les pics d'activité intense ne sont pas [...] entrecoupés de périodes calmes, le surmenage est constant[81] », fait remarquer le psychologue du travail Tony Crabbe.

Quant à notre cerveau, il permet beaucoup de choses, mais n'est absolument pas conçu pour supporter une pression chronique.

Le saviez-vous ?

Une étude réalisée par l'université de Londres a démontré que le fait d'être connecté en permanence (via smartphone ou mails) induit une réduction du quotient intellectuel (QI) dans les mêmes proportions que fumer du cannabis ou passer une nuit blanche[82].

Cette étude, portant sur huit participants uniquement, n'est donc pas statistiquement significative. Néanmoins, elle met l'accent sur le fait que notre cerveau a besoin de repos. En réalité, cet organe est comparable à un muscle ; lequel de nos muscles pourrait rester des heures en flexion ?

81 T. Crabbe, *Plus jamais débordé ! op. cit.*, p. 12.

82 Glenn Wilson, étude privée réalisée pour Hewlett-Packard, institut de psychiatrie, université de Londres, 2005, cité par T. Crabbe, *Plus jamais débordé ! op. cit.*

Ceci posé, l'activité professionnelle, souvent très dense, requiert beaucoup d'énergie et ne nous laisse pas vraiment respirer.

Comment recharger quotidiennement nos batteries en passant de façon alternée du mode « on » au mode « off » ?

Enrayer le cycle « stimulus-réaction »

Quand votre collègue débarque dans votre open space alors que vous êtes concentré sur un dossier, cela vous agace au plus haut point. Quand vous savez pertinemment que vous allez devoir repartir le soir avec votre ordinateur en bandoulière, un pic d'angoisse se visse dans votre ventre.

Ces réactions sont naturelles et automatiques, mais elles révèlent votre manque de contrôle sur vous-même.

Dans son ouvrage *Plus jamais débordé !*[83] le psychologue du travail Tony Crabbe consacre une partie à expliquer pourquoi il convient de stopper ce processus « stimulus-réaction », de façon à créer une impression de contrôle. Pas toujours facile, dans un environnement de surabondance, où tout va à mille à l'heure. Comment calmer la partie limbique de notre cerveau (zone de l'émotion) et réactiver notre cortex préfrontal (zone de la réflexion) ?

Si nous y portons suffisamment d'attention, nous avons tous et toutes la capacité d'agir sur nos émotions, et la façon dont nous les vivons.

Questionnaire

À quels moments précis de la journée ressentez-vous l'impression d'être débordé ?

83 *Ibid.*, p. 66 et suiv.

Parvenez-vous à identifier des déclencheurs particuliers ? Si oui, lesquels ?

____

____

____

Essayez d'observer en spectateur votre émotion. Pour reprendre le contrôle, quelles autres alternatives pourriez-vous mettre en place face à ce déclencheur ?

____

____

____

Quand vous aurez l'impression de ne plus savoir où donner de la tête et que vous aurez clairement identifié la cause de ce sentiment, arrêtez-vous quelques instants pour transformer le processus « stimulus-réaction » en un processus réfléchi « stimulus-choix-réaction[84] ».

La régulation de l'attention

S'il y a bien un sujet qui me tient à cœur, c'est celui de la relation entre l'attention et la performance. D'expérience, j'ai développé l'intime conviction que, pour réussir à voir clair dans ses objectifs de long terme, il est nécessaire de se déconnecter en se coupant d'un brouhaha ambiant, pour pouvoir mieux se reconnecter, différemment, plus qualitativement, grâce à une attention soutenue favorisant la concentration et l'engagement.

84 *Ibid.*, p. 75.

Je souhaite partager avec vous les enseignements d'une théorie surprenante, développée au début des années 1970 par Rachel et Stephen Kaplan, deux chercheurs à l'université du Michigan, et appelée la théorie de la restauration de l'attention ou ART (*Attention Restoration Theory*)[85].

La nature au service de la concentration et de l'engagement

Pendant une dizaine d'années, Rachel et Stephen Kaplan ont demandé à des personnes habituées à se promener dans la nature de tenir un journal de bord, en y indiquant leurs émotions et leurs impressions. Après une promenade en forêt, ces dernières se sentaient profondément reposées. Elles estimaient avoir pris énormément de recul sur leur quotidien et être en capacité de réfléchir pleinement. Selon les scientifiques, si leur attention dite « sélective » (c'est-à-dire celle qui est dirigée vers un objectif) a pu autant se développer, c'est parce que leur attention dite « involontaire » (celle qui se développe quand l'esprit vagabonde, par exemple à la vue d'un joli paysage) a pris le relais. L'attention involontaire, attirée par les chants des oiseaux, l'odeur de l'humus, les couleurs du feuillage, a ainsi permis à l'attention sélective de se régénérer. En ville, notent les auteurs, l'attention involontaire se développe aussi, mais dans une moindre mesure, car l'attention sélective est toujours présente, par exemple lorsque nous devons redoubler de vigilance pour traverser sans se faire heurter par un deux-roues...

Mon objectif ne consiste pas à vouloir envoyer tous les collaborateurs d'une entreprise se promener en forêt, mais à vous faire prendre conscience de l'importance de se débrancher pour se rebrancher à ses vraies priorités, différemment, de façon posée. D'arrêter de faire partiellement attention à tout, sans réussir à se concentrer sur des sujets de fond.

85 M. G. Berman, J. Jonides, S. Kaplan, « The cognitive benefits of interacting with nature », *Psychological Science*, 2008.

À retenir

Il existe trois types d'attention[86] :

» L'attention « sélective » et soutenue, dirigée vers un objectif. Elle est comparable à un sucre lent, qui nous permet de faire le plein d'énergie.

» L'attention « fragmentée », quand l'individu passe d'une activité à une autre (c'est le cas lorsque l'on gère plusieurs choses à la fois ou quand on jette un œil dès qu'une notification apparaît sur son smartphone...). Cette attention-là est comparable à un chewing-gum : elle nous distrait, mais ne nous nourrit pas.

» L'attention « involontaire », qui se met discrètement en route, véritable système digestif permettant de bien assimiler la nourriture.

Vous comprenez sans doute mieux, à présent, pourquoi un trop-plein de digital dans un monde guidé par l'instantanéité peut s'avérer nocif à long terme. Et pourquoi il est crucial de parvenir à se déconnecter de temps à autre de toute stimulation.

La technique de la barre de fer ou l'art de savoir dire non

Imaginez que vous êtes une barre de fer...

De prime abord, l'image paraît peu réjouissante ! Pourtant, la barre de fer offre de nombreuses qualités pour qui est sous charge mentale...

Tout d'abord, parce qu'elle ne plie pas, une barre de fer impose *de facto* une limite infranchissable par autrui. Elle fixe donc ce qui relève du non-négociable.

Qu'est-ce qui, pour vous, relève du « non-négociable » ? En d'autres termes, quels sont les principes sur lesquels vous ne sauriez transiger, sous réserve de vous trouver en contradiction

86 Voir T. Crabbe, *Plus jamais débordé ! op. cit.*, p. 218.

avec vos valeurs les plus profondes ? Est-ce le respect, la générosité, le travail en équipe, la dignité... ? La liste de ces valeurs pourrait s'étendre à l'infini.

Ensuite, la barre de fer sait manier le « non » à la perfection. Quand on parle d'organisation au travail et de charge mentale, le poids du « non » est considérable : c'est grâce à lui que nous pouvons arrêter d'en faire toujours plus et toujours plus vite. C'est aussi grâce à lui que notre vase refusera de déborder par l'ajout d'une énième goutte !

Mais oser dire non n'est pas toujours aussi simple... Nous préférons dire amen à tout plutôt que de prendre le risque de déplaire et celui de renvoyer une mauvaise image de nous-mêmes. Mais à force de vouloir faire plaisir, réconforter, aider, sécuriser, nous finissons au bord de la crise de nerfs, à deux doigts de l'explosion.

Une solution ? L'interposition. Je m'explique : trop souvent, nous sommes incapables de nous interposer, comme si l'usage du « non » signifiait obligatoirement mettre nos interlocuteurs dans l'embarras : les décevoir, leur faire de la peine, les blesser. Étrange pouvoir, que celui de ce petit mot pourtant si facile à prononcer...

À retenir

Il ne faut pas croire que derrière le « oui » se cache la solution de tous vos soucis. Pour la psychologue Marie Haddou, auteur du livre *Savoir dire non*, « en disant oui, vous imaginez échapper à vos angoisses ou aux péripéties hasardeuses d'une discussion. En réalité, vous vous mettez dans des situations difficiles à gérer et vous endurez un malaise permanent et insidieux[87] ».

Ne vous laissez plus dévier de votre trajectoire ! Comment ? En vous entraînant à passer du « oui » systématique au « non tempéré », selon l'expression de Marie Haddou, qui conseille, pour y parvenir, un parcours jalonné des étapes suivantes[88] :

---

87 M. Haddou, *Halte au surmenage*, *op. cit.*, p. 130.

88 *Ibid.*, p. 131-135.

- Ne répondez jamais du tac-au-tac : quand on vous sollicite, donnez-vous du temps et exprimez-le comme tel à votre interlocuteur. Évitez les phrases de ce style : « Je reviens vers toi dans une minute » ou bien « Je te rappelle de suite ».
- Restez ferme, ne déviez pas de vos positions. Si besoin, répétez plusieurs fois vos arguments (technique dite du disque rayé).
- Soyez clair. « Bannissez les expressions ambiguës, les silences pesants, les allusions gênées [...]. La meilleure manière de vous faire entendre consiste à dire directement et précisément ce que vous ne voulez pas[89]. »
- N'hésitez pas à utiliser la technique du « oui, mais... ». Contrairement à un « oui » franc et massif, les experts en communication enseignent qu'un « oui, mais... » est synonyme de « non ». Par exemple, à votre collègue qui frappe à votre porte pour vous demander de le remplacer à une réunion, répondez : « Oui, mais jusqu'à onze heures uniquement ; après, j'ai autre chose à faire. » Le tout est de vous affirmer.
- Ne tombez pas dans la justification et évitez de donner trop de détails pour expliquer votre position.

Si vous appliquez ces quelques conseils, vous irez quoi qu'il advienne dans la bonne direction, c'est-à-dire celle... que vous aurez choisie.

Stopper les comparaisons

Se comparer ? Rien de tel pour que la pression monte ! En effet, la comparaison procède de la mesure relative. On compte, on s'évalue, on calcule, on s'apprécie, non pas dans l'absolu, mais par rapport à une norme sociale, un individu ou un collectif. Et il n'y a rien de plus terrible que d'entrer dans ce processus comparatif pour accroître le stress et le surmenage.

89 *Ibid.*, p. 132.

Deux niveaux de comparaison

La comparaison s'effectue déjà par rapport à la norme sociale, de façon inconsciente. Comment rester indemne, quand on vit dans une société agitée, où le stress s'érige presque en facteur de réussite sociale ? La comparaison se poursuit dans notre environnement de travail : on observe les autres se débattre dans tous les sens, incapables de ralentir le rythme. On se jauge, on se regarde avec une frayeur incontrôlée dans le regard : qui aura la plus grosse augmentation de salaire cette année ? La meilleure évaluation ? La formation la plus prestigieuse ? Etc.

Mais la vie n'est pas un champ de bataille ! Qu'avez-vous à prouver ? À qui ? Cherchez-vous à avoir raison à tout bout de champ, ou bien à gagner ?

À retenir

Quand vos combats deviennent votre raison d'être, « il y a péril en la demeure. [...]. Vous instaurez des rapports de force sans vous soucier des conséquences. Vous faites preuve d'une vigilance de tous les instants pour conserver le contrôle, exercé sur vous-même ou sur les autres. Vous devenez gardien de but et arbitre d'un match que personne ne veut jouer »[90]

Est-ce réellement de cela que vous avez envie ? Si tel n'est pas le cas, privilégiez les rapports authentiques plutôt que les relations basées sur la domination !

Faire germer le positif en soi

Rester positif, facile à dire quand on est sous l'eau et que l'on a l'impression que même avec la meilleure organisation du monde, on n'arrivera pas à faire face. Comment conserver un esprit serein et positif en toutes circonstances, c'est-à-dire un état d'esprit davantage orienté vers les solutions que vers les problématiques à résoudre ?

---

90 *Ibid.*, p. 41-42.

- **Transformer l'énergie négative en énergie positive.** Depuis quelque temps, vos ressources se réduisent comme peau de chagrin, vos collègues critiquent, ruminent, et tentent de vous entraîner dans leur course. Ajoutez à cela une bonne dose de stress, une pression toujours plus forte pour remplir des objectifs toujours plus ambitieux, et vous saisissez parfaitement l'intérêt de trouver des soupapes pour évacuer le négatif et décompresser.
- **Prendre de la hauteur.** Avant de prendre une décision, écoutez et analysez la situation pour bien l'appréhender, puis agissez en conséquence, posément. Cela vous évitera les interprétations et les sentiments négatifs qui peuvent y être associés.
- **S'inscrire dans le long terme.** En milieu professionnel, un échec ou une erreur ne remet que rarement en question la totalité d'un projet ou les compétences d'un collaborateur. Ne considérez donc pas un échec comme le facteur empêchant l'aboutissement d'un projet... ou une réussite comme le seul élément générateur d'un succès !

La tactique du lâcher-prise

Les pensées positives sont au cœur de la tactique du « lâcher-prise » ; tactique aujourd'hui reconnue comme une véritable arme antistress. Le lâcher-prise, on en entend énormément parler, et on y associe souvent l'image du trapéziste lâchant son trapèze pour se lancer dans le vide, sans filet. En réalité, le « lâcher-prise » revêt une autre dimension, beaucoup moins sportive !

À retenir

Lâcher prise signifie accepter. Accepter que certaines choses soient inévitables ou immuables. Que certains n'agissent ou ne se comportent pas de la façon dont vous le souhaitez. Comme le souligne la coach en gestion du temps et équilibre de vie Diane Ballonad Rolland, « il s'agit de faire son deuil d'un état inatteignable [...]. Alors, la personne se sent sereine, libérée et en paix[91] ».

Pour réussir à lâcher prise, il convient donc d'écarter les sentiments négatifs liés à notre acharnement à vouloir faire changer

91 D. Ballonad Rolland, *SOS charge mentale. J'allège mon quotidien !* Éditions Larousse, collection « Petit carnet bien-être », 2019.

certaines choses : déception, colère, amertume, frustration… Vous en ajouterez certainement d'autres ! Rien de tel que ces parasites, qui se distillent sournoisement en nous, pour altérer notre bonne humeur et nous gâcher l'existence au quotidien, au travail comme ailleurs.

Concrètement, comment fait-on pour lâcher prise ?

» **Se recentrer sur l'essentiel.** Qu'est-ce qui confère réellement du sens à votre existence ? Le reste n'est que détail, superflu, cerise sur le gâteau, *nice to have*.

» **Relativiser.** Lorsque vous êtes contrarié, posez-vous systématiquement la question : « Grave ou pas grave ? »

» **Choisir ses combats.** À quoi bon vous battre sur tous les fronts ? Choisissez les batailles les plus essentielles, celles qui sont nécessaires à l'atteinte de vos ambitions profondes.

Questionnaire

Remémorez-vous une situation passée, où vous avez réussi à lâcher prise : quels ont été vos facteurs clés de succès ?

Quelles pensées ou actions positives avez-vous développées pour y parvenir ?

Ces pensées ou actions sont-elles reproductibles ? Pouvez-vous les systématiser ? Si non, pourquoi ? Quels sont vos freins ?

Actuellement, dans quelles situations gagneriez-vous à lâcher prise ?

Quelles émotions négatives seraient alors chassées de votre esprit ?

Équilibrer les débordements

Pourquoi lisez-vous ce livre si vous n'avez pas l'impression d'être débordé ? Je vous imagine... Vous vous laissez submerger, à la façon de quelqu'un qui se laisserait couler dans un bain de mousse.

Pour garder la maîtrise des choses et limiter les débordements, il n'y a pas trente-six solutions : il s'agit de vous repositionner, en tant qu'individu, au cœur du débat.

Cela signifie :

» vous accorder les mêmes soins et la même importance que ceux que vous portez aux autres, avec la même énergie et le même empressement ;

» passer de la notion de « devoir » à celle du plaisir. Si vous décidiez de définir vos propres priorités ? Par exemple, en proposant de travailler sur ce dont vous avez envie (et non pas sur ce que vous devez) de faire ;

» vous caler sur votre propre tempo, quitte à l'imposer de temps en temps aux autres (et pas l'inverse !). Par exemple, mettez le temps sur « pause » quand bon vous semble !

Quand vous vous en sentez la capacité et l'envie, tentez de nouvelles choses ou d'autres façons de faire ! Cela enrayera la routine infernale où tout va à cent à l'heure, où vous ne faites plus les choses que par pur automatisme.

La force de la pensée

Sur les neurosciences, on pourrait écrire des tomes entiers ! Mon objectif ici n'est pas de vous abreuver de science, mais de vous annoncer une excellente nouvelle : les scientifiques nous démontrent qu'il est possible de changer !

Ainsi, quand on brûle de baisser les bras, persuadé que rien ne changera jamais, qu'on continuera quoi qu'il arrive d'avoir l'impression d'accomplir chaque jour l'impossible, et que la charge mentale continuera de s'accrocher à soi quoi qu'on fasse, dans ces moments-là, il y a tout lieu de rester optimiste.

Le saviez-vous ?

Les neuroscientifiques nous apprennent que la neuroplasticité, qui permet à notre cerveau d'acquérir et de maintenir une certaine souplesse, représente aussi la source de nos comportements les plus rigides. Au départ, expliquent-ils, chacun d'entre nous dispose d'un potentiel plastique. Le temps passe et, chez certains, tout ce qui touche à la créativité, à l'intuition, à la spontanéité de l'enfance est grignoté par la routine. Et ce qui implique la répétition menace de conduire à la rigidité.

Voici une image qui va mieux vous éclairer : le ski en montagne.

Chaque fois que nous descendons une piste, nous créons des traces. Bien sûr, il est toujours plus facile de suivre les traces déjà faites que de s'aventurer en hors-piste. Car, dans les traces, on skie de plus en plus vite, et de mieux en mieux. Changer de piste implique des efforts alors que la répétition ancre les habitudes, et peut aller jusqu'à rigidifier la plasticité cérébrale.

La bonne nouvelle réside dans la démonstration scientifique que le fait même de penser est susceptible de conduire à un changement !

Plus précisément, Éric Kandel, lauréat du prix Nobel de médecine et physiologie en 2000, nous explique que la pensée stimule des gènes à l'intérieur des neurones pour former de nouvelles connexions entre les cellules cérébrales. Ainsi, le simple fait de penser que nous pouvons faire les choses différemment permet à notre cerveau de retrouver de la plasticité !

Voilà de quoi nous installer confortablement dans notre canapé les doigts de pieds en éventail, et de nous mettre à penser que nous sommes devenus des rois et des reines de l'organisation, que nous maîtrisons parfaitement la situation et que rien ne peut plus nous atteindre.

Respirer

Respirer correctement est sans doute une des dernières choses auxquelles on pense en état de surmenage.

Trop concentré sur toutes ces choses qui doivent être faites, trop absorbé par toutes ces informations qui tombent de partout, notre esprit se déconnecte de notre corps. Or, la respiration permet de relier corps et esprit. Notre esprit occupe une place si prépondérante qu'il en oublie d'écouter les signaux lancés par notre peau, nos organes, notre squelette ou notre cerveau. « Ralentis ! Stoppe un peu... S'il te plaît... Laisse-moi me reposer », tels sont les messages envoyés par notre corps... et non entendus.

Qu'attendons-nous pour remettre les choses dans le bon ordre ? Le challenge n'est pas bien difficile à relever, quand on sait qu'« il suffit d'à peine une minute de respiration consciente pour purger complètement le système sanguin de son cortisol, l'hormone du stress[92] ».

---

92 Tony Schwartz, dans *Harvard Business Review*, 2012, cité par M. T. Williams, *Respirer. Pourquoi le bien-être est la clé de l'efficacité*, Éditions Pyramyd, 2015.

Le poumon, le nerf de la guerre

Le stress induit des manifestations physiques bien connues : transpiration excessive, mains moites, sécheresse buccale, accélération du rythme cardiaque, etc. Le seul organe actionnable de façon consciente et qui permet de réguler l'ensemble des flux (digestif, sanguin, nerveux, cardiovasculaire) est le poumon. Et, à travers lui, la respiration.

Les clés d'une respiration réparatrice

Le ventre avant tout !

En inspirant et en expirant par le ventre, on se recentre et on reprend le contrôle de son souffle. Cette respiration, dite abdominale, est extrêmement efficace pour réduire les tensions, abaisser la fréquence cardiaque, la tension artérielle et ménager le cortex préfrontal (zone cérébrale notamment sollicitée lors de la prise de décisions).

Privilégier le nez par rapport à la bouche

Trop souvent, et même en situation de repos, nous respirons par la bouche. C'est oublier que l'on nous a dotés d'un organe spécifiquement dédié à la respiration ! Le nez est un organe extraordinaire : par exemple, selon la température extérieure, sa muqueuse a été conçue pour réchauffer ou, au contraire, refroidir l'air que nous respirons afin qu'il corresponde à la température de notre corps.

Privilégier les expirations longues

L'expiration est en lien direct avec la relaxation du corps, car elle stimule la branche parasympathique de notre système nerveux. Avez-vous remarqué qu'en situation de stress, nous respirons en dépit du bon sens ? Nos inspirations se font rapprochées et souvent bien plus longues que nos expirations. Grave erreur ! Cette inversion de tendance ne fait qu'entretenir le stress.

Éloge de la lenteur

Un rythme de respiration efficace sera toujours plus lent que celui que vous pratiquez au moment où vous lisez ces lignes ! À méditer...

Ainsi, lorsque nous nous apercevons par exemple que nous n'arriverons pas à boucler un dossier urgent, même en restant au bureau jusqu'à des heures indues et en travaillant le week-end, notre esprit se concentre inévitablement sur les conséquences potentielles de la non-réalisation (avec, de préférence, un goût prononcé pour la dramatisation). C'est alors notre corps tout entier qui en pâtit. Nous lâchons une bonne dose d'adrénaline et quantité d'autres hormones qui, à la longue, peuvent s'avérer nocives pour l'organisme. La solution ? Respirer ! Mais pas n'importe comment. Il s'agit de pratiquer des respirations profondes, afin de ralentir le rythme cardiaque et d'apaiser les nerfs.

Se relaxer au travail

Le temps nécessaire à la recharge de nos batteries est proportionnel à la masse de travail qui s'accumule. En d'autres termes, plus vous tirez sur la corde et plus vous stressez pour boucler vos dossiers, plus long sera votre temps de récupération.

Savoir se relaxer régulièrement est donc essentiel. Commençons par balayer les idées reçues en matière de relaxation au travail :

» **Non, se relaxer ne relève pas de l'impossible.**

» **Non, la relaxation n'est pas réservée aux aficionados de la méditation, aux défenseurs de la pleine conscience ou aux experts en gestion du temps.**

» **Non, il n'est pas nécessaire de s'allonger sur le dos, un coussin sur le ventre, pour se relaxer efficacement.**

Dix minutes de pause suffisent. Testez ! Effet garanti sur le stress et l'ouverture aux autres.

Pour faire redescendre la tension, sortez vous aérer l'esprit. Détendez vos jambes, levez-vous, faites quelques pas et, si vous le pouvez, allez prendre l'air. Après cette petite parenthèse de temps pour vous, vous vous sentirez apaisé et vous pourrez vous atteler beaucoup plus facilement à vos dossiers, avec une organisation plus fluide, donc plus efficace. Le mouvement *slow*, qui surfe sur la tendance à faire les choses plus sereinement, fait déjà beaucoup d'adeptes dans la sphère professionnelle.

Trucs et astuces

Voici quelques trucs et astuces pour mettre en place, à votre niveau, le *slow work* :

» **Démarrez la journée en définissant vos priorités.**

» **Supprimez de votre *to-do list* des tâches secondaires.**

» **Désactivez vos notifications.**

» **Imposez votre tempo.**

» **Marquez des temps de pause dans la journée.**

» **Prenez un moment pour faire régner en vous le calme et le silence.**

Il s'agit avant tout de ralentir le rythme. Lorsque l'on ralentit, on arrive beaucoup plus facilement à se connecter avec le monde qui nous entoure. Appuyer non-stop sur l'accélérateur nous coupe des autres. On apprécie mieux le paysage en prenant son temps qu'en fonçant en TGV, n'est-ce pas ?

Œuvrer en pleine conscience

Pratiquer une vie plus consciente permet de mieux apprécier les petits bonheurs du quotidien et de profiter du moment présent.

> « ***Pendant que nous parlons, le temps jaloux a fui. Cueille l'aujourd'hui* (Carpe diem) *sans te fier à demain.*** »

Comment croire que cette citation d'Horace date d'avant Jésus-Christ ? Elle résonne encore tellement en nous, qui sommes lancés dans une course effrénée contre la montre ! Nous, qui nous battons sur tous les fronts, en ruminant nos rancœurs passées ou en élaborant des projections douteuses sur une évolution professionnelle ou, plus généralement, un avenir pas forcément des plus roses.

Dans la mesure où le passé n'existe plus (au moment où j'ouvre cette parenthèse, le début de cette phrase n'existe déjà plus...), où l'avenir n'est pas encore réel (c'est logique, il n'existe pas encore), le seul moment qui compte est donc le présent. Dans « l'ici et maintenant », nous avons la capacité d'influencer la majorité des événements.

Quand on communique ou bien quand on respire en pleine conscience :

» **on apprécie les petites choses du quotidien, les instants de bonheur fugaces ;**

» **on est orienté vers l'action. En effet, « l'action ne peut se concevoir autrement que dans le présent. Elle vous extirpe de votre monde intérieur, où nichent vos angoisses (le passé), pour vous diriger vers le monde extérieur, celui où vous visez des résultats[93] » ;**

» **on se sent (re)vivre !**

Vous êtes souvent « ailleurs » ? C'est un excellent début ! En effet, « avant d'atteindre la pleine conscience, il faut accepter que, la plupart du temps, nous sommes ailleurs[94] ».

La pleine conscience n'est pas une affaire de temps, mais de volonté et de discipline ! Comme tant d'autres choses, elle peut vite devenir une (bonne) habitude...

93 L. Bourgeois, *Se libérer de la charge mentale*, *op. cit.*, p. 32.
94 M. T. Williams, *Respirer*, *op. cit.*, p. 52.

DANS CE CHAPITRE

Appréhender les rôles et responsabilités du management en matière de régulation de la charge mentale

•

Connaître et savoir utiliser les outils de régulation et d'organisation

•

(Re)nouer avec un style de management bienveillant

Chapitre 14

Managers : charge mentale bien régulée commence… par soi-même !

On dit du manager leader que son rôle consiste à construire une ambition, à donner de la vision, à piloter efficacement l'opérationnel et à développer ses collaborateurs. C'est vrai. Et aujourd'hui, à ce rôle s'ajoute une autre composante, celle de savoir identifier et réguler la charge mentale de son ou de ses équipes.

Les experts interrogés dans le numéro spécial du magazine *Management* consacré à la charge mentale[95] ont fait état de ce constat, se demandant si dans un monde de surabondance, la principale responsabilité des managers ne serait pas celle-ci. C'est certainement pousser le curseur un peu loin, mais cela mérite de mettre le doigt sur le sujet !

---

95 « Charge mentale : les méthodes des experts pour l'alléger », *Management*, n° 278, octobre 2019.

Le double effet Kiss Cool

Expression en provenance directe du monde publicitaire (au début des années 1990, le groupe Cadbury a lancé en France un slogan publicitaire pour ses bonbons, mettant en avant le double effet Kiss Cool, littéralement « baiser frais »), le double effet Kiss Cool signifie qu'une action provoque un effet secondaire supplémentaire (positif ou négatif) à celui qui est normalement attendu. Dans le cas présent, les bonbons étaient d'abord censés rafraîchir l'haleine et provoquer ensuite un effet inattendu, une espèce d'euphorie.

En matière de charge mentale, c'est exactement le même phénomène qui se produit : les actions menées par les managers pour combattre leur propre charge mentale va indiscutablement produire un effet (positif !) sur leur équipe.

Double responsabilité...

Trop souvent associée à la population féminine dans leur gestion du foyer, la charge mentale est un phénomène qui se développe de plus en plus dans le milieu professionnel, et qui touche notamment les managers.

À y réfléchir, les responsables hiérarchiques sont en effet doublement touchés par le phénomène de la charge mentale. En effet, à la responsabilité qui s'établit vis-à-vis de leur équipe s'ajoute une responsabilité personnelle. Une charge mentale bien régulée ne commence-t-elle pas... par la sienne ?

Trucs et astuces

Au niveau de l'équipe, il convient de conserver à l'esprit quelques incontournables, d'autant plus en période de suractivité. Ces aspects essentiels ont pour la plupart d'entre eux été abordés dans cet ouvrage, aussi s'agit-il ici de compiler les principaux trucs et astuces applicables en particulier aux managers.

» Écoutez, écoutez, écoutez. Sans une écoute attentionnée, sans un intérêt marqué pour l'autre, comment percevoir les signes avant-coureurs de la surcharge cognitive chez vos collaborateurs ?

» Soyez sensibilisé aux symptômes que revêt le syndrome de charge mentale, tant au niveau individuel que collectif. Reportez-vous pour cela au chapitre 1.

» Sachez faire la différence entre le stress et la charge mentale.

» Questionnez sur les raisons du surmenage.

» Mettez en place un plan d'action adapté (ressources, méthodes de travail, équilibre vie professionnelle / vie privée, etc.). Suivez-le en faisant un bilan par exemple au bout de deux et six mois.

» Sachez faire « tampon » entre votre direction et votre équipe.

» Pratiquez en toutes circonstances un management bienveillant. Nous allons revenir sur cette notion fondamentale.

Au niveau individuel, nos managers ont fort à faire ! En effet, ce sont les principales victimes du surmenage. Ils se sentent investis de tout, portent parfois leurs équipes à bout de bras, estiment devoir se montrer à la hauteur sur tous les sujets et, pour peu qu'ils supervisent un grand nombre de collaborateurs, managent à distance et supervisent plusieurs domaines de compétences, la coupe ne tarde pas à déborder… et le point de *too much* à pointer le bout de son nez…

Figure 14-1

Décharger son mental

Pour un manager, il est donc crucial de se pencher sur le sujet, d'autant que le bénéfice est double !

... pour un double bénéfice

Il paraît évident que le fait de réguler la charge mentale de son équipe et la sienne confère au manager un bénéfice, à la fois personnel et professionnel. Toutefois, la notion de « double bénéfice », générée par l'attention portée à la charge, à l'organisation de travail et à la charge mentale en particulier, trouve sa source dans celle de la délégation. Cette dernière fait d'ailleurs partie de l'arsenal des outils du manager, que nous allons étudier en détail dans les lignes qui suivent.

À ce stade, restons sur le constat suivant : un manager qui a envie de déléguer, et qui sait bien le faire, marque des points par rapport à celui qui continue de tout porter sur ses épaules. En effet, non seulement la délégation de certaines tâches ou missions lui permet d'alléger sa charge mentale, mais ce faisant, il allège aussi celle de ses collaborateurs ! Encore un double effet Kiss Cool ! Très paradoxal, ce dernier, car la logique des vases communicants voudrait que lorsqu'on vide d'un côté, on remplisse de l'autre. Au bonheur des managers, les choses ne se passent pas tout à fait de cette façon : un manager qui sait déléguer mise sur le « CAR », clé de voûte du management bienveillant. Nous allons largement revenir sur cet acronyme pour clore cette quatrième partie.

L'indispensable boîte à outils du manager

Un manager est un collaborateur comme un autre, avec sa propre hiérarchie, ses propres objectifs, ses propres contraintes et... sa propre charge mentale. Comme tout collaborateur, il peut être confronté à des problématiques liées à une surcharge de travail ou à une organisation déficiente. On comprend donc aisément que tous les points et toutes les recettes traités dans cet ouvrage s'adressent également à la population managériale.

Ceci dit, il existe deux outils principaux qui sont l'apanage du management : le *pit stop* et la délégation.

Les secrets du « *pit stop* »

> “ ***Progresser, c’est savoir s’arrêter pour mieux avancer. La halte du présent pour l’aventure du futur.*** ”
>
> Patrick Louis Richard

Quand tout s’accélère, stopper permet de décider avec lucidité de ses prochains pas. D’où vient cette idée saugrenue portée par de nombreux managers, selon laquelle « s’arrêter n’est que perte de temps ! » ou, pire, « si on s’arrête, on meurt » ? C’est tout le contraire ! Si on ne s’arrête pas, on n’y voit plus rien ! La preuve par la science...

Le saviez-vous ?

La vue permet de mieux comprendre la façon dont fonctionne le mode « arrêt » du cerveau. En effet, l’exploration visuelle de notre monde est soumise à des saccades incessantes, de brefs mouvements oculaires entre deux positions stables (en moyenne trois par seconde). Ces mouvements très rapides propulsent l’image d’un objet sur la fovéa, la zone de la rétine située dans le prolongement de l’axe visuel de l’œil, là où la vision des détails est la plus précise. Nous ne voyons donc clairement qu’à l’arrêt !

Les sportifs l’ont bien compris. En pleine partie, l’entraîneur décide de stopper le jeu, de regrouper son équipe autour de lui pour, ensemble, revenir sur trois points :

» les objectifs à atteindre ;

» ce qui a marché (Pourquoi ? Comment faire pour le reproduire ?) ;

» ce qui a moins bien marché (Pourquoi ? Comment s’améliorer ?).

Véritable arrêt sur image, pour passer d’une gestion de la vitesse (*managing speed*) à une gestion des temps morts (*managing stops*), le *pit stop* nous vient du monde de la Formule 1 : c’est le fameux arrêt au stand, moment crucial des grands prix, qui montre que le succès ne se joue pas uniquement sur la piste !

Sans un arrêt sur image, qui permet la prise de conscience de notre façon de travailler et de notre état du moment (où en sommes-nous, par rapport à la vague décrite au chapitre 1 ?), il est vain de vouloir s'attaquer à l'organisation de travail ou à la charge mentale.

La délégation réussie

> « *Ne faites jamais ce que vous pouvez faire faire par un autre.* »
>
> John Davison Rockefeller

Déléguer est un art. C'est vrai dans la vie personnelle, et surtout dans la vie professionnelle. En tant que managers, nous sommes les principaux responsables de cette situation qui nous conduit à préférer crouler sous le poids des dossiers plutôt que d'en confier la gestion à autrui.

Et pour conserver notre pré carré, nous n'hésitons pas à tomber dans l'excusite aigüe : « J'ai plus vite fait de le faire moi-même », « C'est un nouvel embauché, il se débrouillera forcément moins bien que moi », « Si elle s'en occupe, je vais perdre la main (sous-entendu, du pouvoir) », « S'il parvient à mieux réussir que moi, je risque de perdre mon poste », etc.

Pourtant, derrière l'acte de transmettre la responsabilité d'une tâche ou d'une activité à une tierce personne se cache le secret d'une gestion du temps efficace et durable. Alors pourquoi avons-nous tant de mal à déléguer ? Est-ce par manque de temps ? De confiance ? Est-ce parce que nous n'osons pas demander ?

Trucs et astuces

Selon vous, pourquoi vos collaborateurs ou collègues ne participent-ils pas davantage ?

____

____

____

Quels éléments peuvent expliquer cela ? Pensez-vous avoir votre part de responsabilité dans l'histoire ? Si oui, laquelle ?

À retenir

Vous estimez être impliqué dans la problématique ? Il convient de commencer à lâcher les rênes ! Pas à pas, en douceur...

» En matière de délégation, on ne passe pas du tout au rien.

» Par ailleurs, on ne délègue pas de façon identique à tous les membres de son équipe. Les experts du Situational Leadership, management de proximité développé par Paul Hersey et Kenneth Blanchard, recommandent de s'adapter non pas aux compétences et au degré d'expertise des individus mais à la nature des tâches qu'on leur confie. Par exemple, un expert en gestion de projet peut s'avérer être un piètre collaborateur quand il s'agit de gérer le relationnel avec les clients : une même personne doit être accompagnée différemment en fonction du travail confié.

Pour déléguer en confiance, il convient de respecter quelques règles :

» Identifier les tâches sur lesquelles vous devez absolument garder la main (parce qu'elles requièrent des compétences spécifiques ou parce qu'elles sont essentielles pour le succès à long terme) et celles que vous devez ou pouvez déléguer.

» Identifier le ou les interlocuteurs à qui vous pouvez déléguer : qui d'autre que vous possède les informations ou l'expertise nécessaire ?

» S'assurer d'avoir suffisamment de temps pour déléguer efficacement. Une délégation efficace se prépare !

» Donner à la personne à qui vous déléguez toutes les explications nécessaires et vérifier sa bonne compréhension. Lui fixer des résultats à atteindre clairs et réalistes.

» Faire le bilan de l'activité déléguée et remercier la personne qui vous a donné un coup de main.

Qui goûte à la délégation (réussie) ne peut plus s'en passer. Elle entre dans nos modes de fonctionnement, et dans nos (bonnes) habitudes !

Le CAR du manager bienveillant

CAR est l'acronyme de Confiance, Autonomie et Reconnaissance. Ces trois notions sont permises et exploitées à une seule condition : que le management pratique la délégation. Mécaniquement, le fait de confier du travail à autrui permet de décharger sa besace. « Oui, mais en dessous, on risque la surchauffe ! » me rétorque-t-on invariablement quand je présente la chose au cours de mes ateliers management. Cela est juste d'un point de vue quantitatif (c'est le principe des vases communicants). Mais en termes qualitatifs, nombreuses sont les études à démontrer qu'une charge de travail croissante peut être bien mieux absorbée et supportée avec un mode de management délégatif. Pourquoi ? Parce que l'acte même de délégation témoigne de la confiance accordée à autrui, renforce l'autonomie des collaborateurs et encourage la reconnaissance des compétences.

Confiance

Si la notion de confiance interpelle aujourd'hui tant d'employeurs, c'est parce qu'il est démontré qu'elle représente un facteur clé du bien-être et de la performance, dans un environnement qui exige de plus en plus de prises d'initiative, d'innovation, de collaboration transverse et d'agilité.

Pourtant, le concept est loin de dater d'aujourd'hui ! En effet, il faut remonter aux années 1930 et au mouvement des relations humaines conduit par Elton Mayo, puis aux travaux d'Abraham Maslow sur la motivation et de Douglas McGregor, dans les années 1950 et 1960, pour en déceler l'origine. Étrangement, le management par la confiance semble être de nos jours une denrée rare. Il est considéré comme le *nec plus ultra* du manager bienveillant. Il devrait pourtant constituer la base non négociable de tout manager digne de ce titre.

La spécificité du management par la confiance stipule que la gestion d'une équipe ne repose plus tant sur l'action d'une centralisation décisionnelle que sur l'action collective d'acteurs responsables capables de s'autogérer et de s'organiser dans des relations de confiance. Au sein de ce collectif, le manager leader trouve tout à fait sa place, pour peu qu'il ait envie de faire confiance à son équipe et qu'il soit convaincu que sa confiance accordée libère les énergies et crée une dynamique positive.

À retenir

Ce type de management ne se décrète pas, il se construit jour après jour :

» **La confiance n'est pas un chèque en blanc : elle doit être confirmée par les faits pour se consolider.**

» **La confiance prend énormément de temps pour se gagner, mais elle se perd très rapidement.**

Pour un manager, la capacité à déléguer démontre son degré de maturité et son leadership. Tentez (ou continuez) la délégation ; vos collaborateurs ne pourront vous surprendre… qu'agréablement !

Autonomie

Confier les rênes à son équipe démontre qu'on lui fait confiance pour mener à bien les missions assignées et atteindre les objectifs fixés. Ce mode de travail devrait *a priori* relever du bon sens. Pourtant, force est de constater que le lien hiérarchique (inhérent à toute relation de travail), matérialisé par une centralisation excessive des décisions, par exemple, est très présent dans l'ADN de nombreuses organisations. Ce sont dans ces mêmes organisations, où l'on affiche une responsabilisation des équipes alors que l'on pratique le surcontrôle, que les injonctions paradoxales (voir chapitre 17) pleuvent : on demande aux individus de réfléchir par eux-mêmes, mais on leur coupe systématiquement la parole en réunion. On leur demande de mener à bien une mission en totale autonomie, mais on les prend par la main à chaque étape.

Heureusement, certains managers laissent des espaces de liberté à leurs collaborateurs, charge à ces derniers de saisir l'opportunité pour s'y engouffrer !

Rendre autonome un collaborateur nécessite :

» de savoir à qui l'on a affaire. Quelles sont ses compétences ? Ses appétences ? Ses besoins ? Quels leviers vont-ils mettre en mouvement ? L'entretien annuel d'évaluation représente un moment privilégié pour faire le point, mais ce n'est pas le seul : des échanges réguliers (formalisés ou non) avec le collaborateur vous permettront d'y voir plus clair ;

» d'encourager (vraiment) la prise de risques. Ne le poussez pas vers l'autonomie si c'est pour lui taper sur les doigts à la moindre erreur ! Être autonome va de pair avec l'exploration de terres inconnues, et les risques qui l'accompagnent ;

» de suivre son activité. Non seulement ce suivi sera perçu comme une marque d'intérêt, mais il sera aussi le moyen de l'accompagner (sans le soutenir). Rendre un collaborateur autonome ne signifie pas le laisser livré à lui-même. Un bon accompagnement renforcera votre relation de confiance.

Développer l'autonomie d'un collaborateur, c'est avant tout l'aider à faire fi de la dépendance qu'il peut avoir vis-à-vis de vous, manager, et créer les conditions de sa motivation. Et quand on est motivé, on est prêt à abattre des montagnes, indépendamment (ou presque) de la quantité de travail !

Reconnaissance

La reconnaissance de l'individu est certainement le moteur motivationnel le plus puissant. Dans les organisations, elle peut prendre des formes variées, allant de l'attribution des évaluations de fin d'année à l'octroi des augmentations de salaire, en passant par la délégation sur des missions stratégiques ou un bonjour le matin en arrivant au bureau.

Loin de moi l'idée de vouloir vous inonder de concepts, mais un détour par l'étymologie et la philosophie s'impose.

Le saviez-vous ?

La notion de reconnaissance a des sens très différents. La re-connaissance (et donc, la connaissance) vient du latin *conascere* qui signifie « naître avec ». Pour Nietzsche, connaître quelqu'un ne signifie pas l'asservir, mais entrer en osmose avec lui. Selon lui, la reconnaissance serait l'acte qui consisterait à reconnaître la dignité de l'individu. Avec Nietzsche, on évoque donc le registre moral de la notion de reconnaissance, prise dans le sens de « gratitude ».

Il n'y a rien de pire que de ne pas reconnaître un individu. Selon les experts de l'analyse transactionnelle, non seulement le manque de reconnaissance plonge dans l'immobilisme, mais il risque également de tuer à petit feu. Certains manipulateurs se plaisent à ignorer leurs collaborateurs ou leurs collègues pour les déstabiliser.

Le saviez-vous ?

Les bébés ne se développent pas normalement s'ils ne sont pas touchés (donc pas reconnus) par les autres[96]. Ce besoin est généralement satisfait lors de l'allaitement, du changement de couches, des câlins, etc. Le fait d'être touché stimule les fonctions chimiques du bébé et lui permet de se développer correctement, tant sur le plan physique que mental. Les analystes transactionnels expliquent que si un bébé n'est pas caressé, sa moelle épinière se flétrit[97].

Au travail, la reconnaissance s'établit à trois niveaux :

» **le remerciement ;**

» **la valorisation du travail effectué (valorisation du savoir-faire) ;**

» **la reconnaissance des qualités de l'individu (valorisation de l'être).**

96 R. A. Spitz, « Hospitalism : An Inquiry into the Genesis of Psychiatric Conditions in Early Chilshood », *The Psychoanalytic Study of the Child*, n° 1, 1945, p. 53-74, cité par M. James, D. Jongeward, *Naître gagnant*, *op. cit.*, p. 46-47.

97 E. Berne, *The Structure and Dynamics of Organizations and Groups*, Ballantine Books, 1975, p. 157, cité *ibid.*, p. 47.

Pour conclure, j'ai envie de dire que la reconnaissance, c'est tout simple... et cela peut donner énormément. Reconnaître l'autre peut passer par un « bonjour » le matin, une attitude bienveillante à son égard, un coup de main pour boucler un dossier complexe, un rendez-vous à la machine à café ou, encore plus simple, un sourire.

Partie 5

La partie des Dix

Dans cette partie...

Des informations qui sortent des sentiers battus... et qui font réfléchir !
Dix données chiffrées inattendues, dix fausses idées reçues sur la charge mentale et l'organisation au travail, mais aussi dix raisons expliquant le surmenage et dix symptômes fréquemment rencontrés dans les organisations, principalement au sein de la population managériale. Nous aborderons aussi quelques remèdes associés. Enfin, une synthèse de dix points essentiels, pour devenir un roi ou une reine de l'organisation et ne plus jamais se laisser déborder ! À partir de cette synthèse, vous pourrez consigner dix actions dans votre journal de bord !

DANS CE CHAPITRE

Des données flash surprenantes, renouvelant les notions d'organisation au travail et de charge mentale

•

Des chiffres étayés par des études ou des sondages

Chapitre 15

10 chiffres à méditer

Vous voulez épater votre entourage avec quelques données percutantes ? Laisser dans les mémoires des traces qui s'impriment facilement ? Ou, tout simplement, aborder le thème du surmenage de façon ludique ? Ce chapitre est fait pour vous !

25 minutes

Selon trois chercheurs de l'université de Californie[98], c'est le temps moyen dont nous aurions besoin pour retrouver une productivité optimale et nous refocaliser sur un sujet après en avoir été distraits, par exemple par un coup de téléphone, une demande impromptue, etc. Autant dire qu'une quinzaine de sollicitations par jour rendraient une journée de travail complètement improductive !

98 Gl. Mark, V. M. Gonzalez, J. Harris, « No task left behind? Examinating the nature of fragmented work », *Proceeding of CHI 2005*, ACM, New York, p. 321-330.

46,9 %

C'est le pourcentage d'heures (en état d'éveil) que nous passons à penser à autre chose que ce que nous sommes en train de faire[99]. Et cela nous rend plutôt malheureux, selon une étude publiée en 2010 par deux chercheurs en psychologie de Harvard.

2 heures 22 minutes

C'est le temps moyen par jour passé sur les réseaux sociaux et les messageries[100]. Chaque jour, nous devenons un peu plus dépendants aux réseaux en général : « Qu'il s'agisse de scroller indéfiniment sur notre *feed* dans le métro ou de poster le brunch parfait sur Instagram avant même de manger, les médias sociaux sont devenus très présents », peut-on lire sur le site d'Oberlo se référant au dernier rapport de la société Globalwebindex.

20 minutes

Une sieste de vingt minutes permettrait de réduire les risques d'accidents de la circulation ou du travail, améliorerait la mémoire, stimulerait la créativité, réduirait le niveau de stress, restaurerait le fonctionnement du système nerveux et favoriserait la digestion[101]. Eh oui ! Tout cela en seulement vingt minutes... Ce sont les conclusions de l'Institut national de prévention et d'éducation pour la santé, l'INPES, dans son guide *Bien dormir, mieux vivre*, qui sensibilise à l'importance de développer un sommeil de bonne qualité en donnant des conseils adaptés à chaque type de « dormeur ».

---

99 Source : *Management*, n° 278, octobre 2019.
100 Source : Globalwebindex 2018, Oberlo.fr.
101 Source : www.futura-sciences.com

149 940

C'est le nombre de liens qui ont été partagés sur Facebook depuis que vous avez entamé la lecture de ce chapitre[102] ! Dans le même laps de temps, saviez-vous qu'un million de tweets ont été postés et que 8 943 articles de blog ont été publiés ?

55 heures

Ce serait la durée de travail par semaine à ne pas dépasser si l'on souhaite éviter l'accident vasculaire cérébral (AVC)[103] ! Une étude publiée dans le *Lancet* en 2015 a démontré qu'au-delà de ce seuil hebdomadaire, le risque d'AVC augmenterait de 33 % par rapport à une durée de travail standard de 35 à 40 heures. Quant à la probabilité de développer une maladie coronarienne, elle augmenterait de 13 %.

1 minute et 15 secondes

C'est le temps moyen passé en 2012 sur une seule et même tâche entre deux interruptions, à en croire le blog « Le temps reconquis »[104]. En 2004, cette durée était de 3 minutes et 8 secondes, soit plus du double. Selon une étude réalisée par l'éditeur du logiciel Desk Time en 2014, le rythme des personnes les plus performantes était de 52 minutes de travail suivies de 17 minutes de pause.

102 Source : https://www.statista.com/statistics/274774/forecast-of-mobile-phone-users-worldwide, http://www.coupofy.com/social-media-in-realtime/, cité par J. Gueniat, *2H chrono pour mieux m'organiser*, Éditions Dunod, 2017, p. 11.

103 Source : *Management*, n° 278, octobre 2019.

104 Source : *ibid.*

7

C'est le nombre théorique d'informations que notre cerveau serait en mesure de traiter de façon simultanée[105]. Notons que rares sont les personnes qui dépassent le seuil de trois ou quatre informations concomitantes.

27 jours

Les cadres passent 27 jours par an en réunion, soit 3 jours de plus qu'en 2016[106]. Notons que cet accroissement est lié à une hausse du nombre moyen de réunions hebdomadaires (3,5 en 2018, contre 3 en 2016) et, que dans le même temps, la durée moyenne a diminué de 11 minutes (1 heure 9 minutes en 2018, contre 1 heure 20 minutes en 2016). Malgré la hausse globale du temps passé en réunion, les cadres sont 49 % à ressentir des difficultés à s'exprimer en réunion. Dans les structures les plus importantes, les réunions se multiplient, mais dans 46 % des cas, le mail reste le seul et unique moyen pour communiquer les informations stratégiques.

67 %

Une note d'optimisme (ma foi assez surprenante) pour clore ce chapitre sur les chiffres, puisque selon les dernières statistiques réalisées en France sur le sujet, deux tiers des Français n'auraient pas recours à leur smartphone dans le cadre de leur travail[107]. Pour le tiers restant, 11 % déclarent que le téléphone est fourni par leur entreprise et 21 % qu'il s'agit de leur portable personnel utilisé à des fins professionnelles ; 1 % des personnes interrogées dit ne pas savoir...

---

105 Source : G. Allain, *Surchauffe mentale*, Éditions Larousse, 2019, cité dans *Management*, octobre 2019.

106 Source : « En 2018, les cadres passeront plus de temps en réunion qu'en vacances », résultats du baromètre annuel de Wisembly en partenariat avec l'IFOP, 2018.

107 Source : « Part des Français ayant recours à leur smartphone dans le cadre de leur travail », www.statista.com, 2016.

DANS CE CHAPITRE

Des *a priori* sur la routine et le *multitasking*, à balayer absolument !

L'influence du temps de travail et du télétravail sur le bien-être

Le point sur l'ancrage des habitudes et de l'organisation

Et bien d'autres choses encore !

Chapitre 16
10 (fausses) idées reçues sur l'organisation et la charge mentale

Si j'ai souhaité vous proposer ces dix fausses idées reçues, c'est parce qu'elles reposent sur la notion de perception. Et on sait à quel point la perception que nous avons de la réalité façonne des représentations qui peuvent parfois s'avérer bloquantes. Or, nous avons toutes et tous le pouvoir de changer notre façon de voir les choses.

La routine accroît la charge mentale

FAUX !

Nous l'avons expliqué dans le chapitre 5, la routine permet au cerveau de se ressourcer parce qu'elle le positionne en mode « pilote automatique ».

Aujourd'hui, une étude[108] pousse le bouchon encore plus loin : le bonheur ne tiendrait qu'à une bonne routine quotidienne ! Réalisée en mars 2013, l'étude a démontré que les petites choses du quotidien sont essentielles à l'épanouissement de l'individu.

Le lien entre l'*every day effect* (ou « effet routine », en français) et la quête du bonheur repose sur ce que les spécialistes appellent la « mémoire implicite ». Celle-ci permet de répéter inconsciemment les mêmes actions tous les jours. « Cette mémoire non-consciente enregistre des millions de repères et de schémas d'action permettant que tout puisse "rouler" dans notre vie et que les gestes du quotidien s'enchaînent avec fluidité », avait noté Jean-Claude Kaufmann, sociologue et directeur de recherche au CNRS lors de la publication de l'étude.

À retenir

Ce sont les enchaînements répétés qui permettent de bien s'organiser au quotidien. Et l'organisation permet à son tour de s'accorder des instants de répit, de libérer son esprit et de mieux contrôler ses émotions.

Alors pour ralentir le rythme, rien de tel qu'une bonne routine !

Faire plusieurs choses en même temps (et très rapidement) rend plus efficace

FAUX !

Le meilleur moyen de s'épargner des déperditions d'énergie générées par les conflits cognitifs consiste à ne jamais faire plusieurs choses à la fois (surtout si elles sont complexes). Or, dans l'entreprise, reconnaissons qu'il est de bon ton de cavaler dans les couloirs

108 « L'influence de l'habitude en France », étude réalisée par le SIRC (Social Issues Research Centre) pour le groupe P&G, incluant un panel de 12 364 citoyens de douze pays européens (Allemagne, Autriche, Danemark, Finlande, Grèce, Italie, Norvège, Portugal, Suède, Suisse et France), mars 2013.

l'air affairé (de préférence en tenant un parapheur sous le bras, et en regardant sa montre à tout bout de champ pour mimer une occupation intense), de dire oui à tout et d'avoir l'air en permanence débordé. Si vous avez l'occasion de lire mon ouvrage déjà cité *13 trucs infaillibles pour être bien vu en entreprise*, vous comprendrez les mécanismes qui sous-tendent ces comportements.

Le hic, c'est que le cerveau n'a absolument rien à faire de l'urgence dans laquelle on lui demande de travailler. Il déteste l'instantanéité. Lorsque vous êtes sur-sollicité, quand on vous interrompt alors même que vous tentez de vous concentrer sur un dossier important, vous êtes en proie à un conflit cognitif réel, explique le chercheur en neurosciences Jean-Philippe Lachaux[109]. Vous devez « créer un univers cérébral où vous vous détachez du réel [votre dossier], et en même temps interagir avec [votre collègue], donc être au contact du réel ». Inévitablement, votre cerveau va se mettre en surchauffe, rien de pire quand on vise l'efficacité !

Au travail, les femmes peuvent gérer simultanément davantage de choses que les hommes

FAUX !

On l'avait pourtant lu, on croyait que les hommes venaient de Mars et les femmes de Vénus, que leurs modes de fonctionnement étaient à des années-lumière, et que les femmes avaient sur la gent masculine « l'avantage » d'être « multitâches ». Il n'en est rien : au foyer comme au travail, le mythe de la femme multi-casquettes a été mis à mal par une équipe de scientifiques suédois.

Le saviez-vous ?

L'étude, publiée en 2013 dans la revue *Psychological Science*, réalisée auprès d'environ deux cents personnes âgées de 20 à 43 ans, démontre que les hommes seraient tout aussi capables de traiter plusieurs choses

109 Source : « Une chose après l'autre, dit le cerveau », *Management*, n° 278, octobre 2019.

simultanément. Plus remarquable encore, ils seraient meilleurs dans la gestion de certaines tâches, a affirmé dans un communiqué Timo Mäntylä, un des auteurs de l'étude, professeur et chef de service de l'unité de psychologie cognitive à l'université de Stockholm. Le test consistait à procéder à des relevés sur trois chronomètres partant de temps différents et s'écoulant à des rythmes différents. Les participants devaient simultanément surveiller le défilement de noms communs suédois, et cliquer sur une souris quand un mot revenait.

Les résultats ont été surprenants, et attribués au cycle menstruel des femmes ! Tandis que les femmes en phase de menstruation présentaient des capacités aussi fortes que les hommes à gérer plusieurs tâches, il est apparu que celles en période d'ovulation étaient plus démunies face aux tâches multiples. Selon le chercheur, il s'agissait d'une particularité qui s'explique par les niveaux d'œstrogène, très élevés aux alentours de l'ovulation...

« L'avenir appartient à ceux qui se lèvent tôt »

FAUX !

Le présentéisme est un phénomène ancré dans la culture française. Comme si les heures supplémentaires étaient considérées comme un signe de productivité et de motivation. Pour David Mahé, président du cabinet conseil Stimulus, « les gens cherchent à obtenir une certaine reconnaissance à travers le présentéisme ». Dès lors, on comprend mieux qu'il soit très difficile de se soustraire à cette idée communément admise, selon laquelle les personnes pointant à des heures matinales sont plus performantes que les autres. Se lever tôt serait-il synonyme d'un investissement plus important dans le travail et d'un engagement plus soutenu dans la vie de l'entreprise en général ?

Le saviez-vous ?

Notre proverbe « L'avenir appartient à ceux qui se lèvent tôt » s'étend au-delà de notre territoire :

» **Nos voisins allemands soutiennent que « celui qui se lève tôt a de l'or dans la bouche[110] ».**

» **Pour les Anglais, seul « l'oiseau matinal attrape le ver[111] ».**

Pour être dans les petits papiers, serait-il donc recommandé d'être ami avec la pointeuse de votre entreprise ?

Ça, c'était peut-être vrai *avant*.

Aujourd'hui, à l'heure où l'on prône le bien-être au travail, à l'heure où le respect de l'équilibre vie professionnelle et vie privée anime tous les DRH et à l'heure où il n'est plus à prouver que la performance est indissociable du bien-être au travail, comment continuer à penser que, pour faire bonne figure, il faille arriver aux aurores et repartir après 19 heures ?

Sans un temps de repos suffisant, comment notre cerveau pourrait-il se régénérer et se préparer à travailler à nouveau ? Dormez suffisamment, posez-vous régulièrement, prenez le temps de respirer ! Pas de répit, pas d'énergie ! Vous pouvez même aller jusqu'à vous livrer à un peu de méditation !

Le saviez-vous ?

Saviez-vous qu'une petite pause méditation permet non seulement de favoriser la régénération des cellules, mais aussi d'augmenter la matière grise dans l'*insula*, la zone cérébrale qui favorise le bien-être, la créativité et la mémoire ?

---

110 Traduction de « *Morgenstund hat Gold in Mund* ».

111 Traduction de « *The early bird catches the worm* ».

Les Allemands sont plus rigoureux, plus organisés et travaillent plus que les Français

VRAI… et FAUX !

Oui, en règle générale, les Allemands sont plus rigoureux et plus ponctuels que les Français. Ce n'est pas un *a priori*, mais un constat aisé à dresser pour qui a vécu ou séjourné en Allemagne. C'est bien simple : quand on donne rendez-vous à un Allemand à midi, il s'arrangera pour arriver à 11 h 55 (voire avant !).

Oui, les Allemands sont également très organisés. Preuve en est, quand le Français rentre tard du bureau, parce qu'il y voit (ou cherche à faire percevoir par les autres) un signe d'engagement et de motivation, l'Allemand veillera à partir tôt, le fait de rester tard au travail laissant au contraire entendre un manque d'organisation personnelle. Quel affront !

Mais non, les Allemands ne travaillent pas davantage que les Français ! En France, un salarié travaille en moyenne 36 heures par semaine, contre 34 heures en Allemagne, voire 28 heures dans certaines branches d'activité.

Selon une étude de l'OCDE en 2017, le temps de travail annuel des personnes actives (toutes formes de contrats de travail confondues) en Allemagne est de 1 356 heures, contre 1 526 heures en France. Les raisons qui expliquent ces chiffres ? Le respect des horaires, l'organisation et la valeur accordée à l'équilibre vie professionnelle et vie privée.

Il faut 21 jours pour changer une habitude

FAUX

Selon une étude publiée en 2009 dans le *European Journal of Social Psychology*, le temps nécessaire pour changer une habitude varie de 18 à 254 jours, avec une moyenne de 66 jours. Concrètement, pendant douze semaines, des chercheurs du Collège universitaire de Londres ont demandé à 96 participants d'adopter quotidiennement, à la même heure, un nouveau comportement (manger un fruit au goûter, par exemple).

À retenir

Il s'avère que le temps nécessaire pour changer une habitude et adopter un nouveau comportement alimentaire nécessite en moyenne 66 jours, soit un peu plus de deux mois.

Alors d'où vient la rumeur selon laquelle 21 jours seulement suffiraient ?

L'histoire remonte aux années 1960, à l'époque où le chirurgien américain Maxwell Maltz a écrit son ouvrage *Psycho-Cybernetics*. Ayant remarqué qu'à la suite d'une opération de chirurgie esthétique, les patients mettaient environ trois semaines pour s'habituer à leur nouveau visage, le scientifique a développé une théorie selon laquelle « il faut un minimum de 21 jours pour faire disparaître une vieille image mentale et en créer une nouvelle ». De nombreux coachs de vie et auteurs se sont emparés de la formule, faisant fi du seuil minimum et vendant à tout crin des recettes miraculeuses de développement personnel en 21 jours...

Trucs et astuces

Veillez à ne pas mettre toutes les habitudes dans le même panier ! Certaines prennent plus de temps que d'autres pour se modifier.

En la matière, la seule chose à retenir est que le fait de changer demande des efforts... et prend du temps. Mais si vos objectifs sont clairs et votre envie d'y arriver certaine, il y a tout lieu de penser que vous y arriverez !

Le télétravail détériore la productivité

FAUX... mais sous conditions.

Cette idée reçue est malheureusement trop fréquente. À ses débuts, ce mode de travail n'a en effet pas forcément eu bonne presse auprès des employeurs. Et aujourd'hui encore, à l'heure de la digitalisation et de l'entreprise libérée, il existe trop de structures étrangères au télétravail. Certaines ont négocié des accords du bout des lèvres. Finalement, on réfléchit à deux fois avant d'accorder un jour de *home office* à un collaborateur... prétextant par exemple une réunion importante ce jour-là. On explique aussi l'importance de maintenir le lien physique avec ses collègues.

Ce que l'on n'ose pas dire, c'est que l'on suspecte un salarié qui reste travailler chez lui d'en profiter pour faire la sieste ou pour courir les magasins pendant les fêtes. Voici une vision (ou, devrais-je dire, une perception) qui ne repose sur rien de tangible.

Le saviez-vous ?

Bien au contraire, la productivité au domicile est telle que l'on commence à pointer du doigt la surproductivité des salariés en *home office* ! Suite à la crise sanitaire du COVID-19, qui a conduit de façon quasi forcée à la généralisation du télétravail, nous avons été alertés sur le sujet. Nous l'avons vu dans la partie 2, certaines conditions sont nécessaires à la mise en œuvre du télétravail pour qu'il continue d'être source d'un équilibre harmonieux entre vie professionnelle et vie personnelle. Lisez les résultats de ce sondage, réalisé par l'Observatoire Obergo en 2018[112] :

Impacts positifs sur la qualité de vie et la qualité du travail :

» Meilleure qualité de la vie personnelle en général : 96 % des réponses pour les femmes et 95 % pour les hommes.

» Meilleure qualité de vie familiale : 88 % pour les femmes et 90 % pour les hommes.

---

112 Y. Lasfargue, S. Fauconnier, *Impacts du télétravail 2018*, enquête Obergo, 2018.

- Diminution de la fatigue physique liée aux transports : 89 %.
- Diminution du stress lié aux transports : 82 %.

Impacts économiques positifs :

- Augmentation de la productivité : 86 % des réponses (77 % en 2012).
- Augmentation de la qualité du travail produit : 84 % (70 % en 2012).

Impacts négatifs sur le temps de travail :

- Augmentation du temps de travail : 57 % (temps du trajet du matin « échangé » contre du temps de travail).
- Augmentation de la charge de travail ressentie : 15 %.

Les impacts négatifs sont partagés par un moins grand nombre de télétravailleurs mais sont la confirmation de l'existence du paradoxe du télétravail : Plus de temps de travail = Meilleure qualité de vie.

En entreprise, on préfère recruter des personnes sans enfant

FAUX (en tout cas, cela devrait être le cas...)

Quelle honte, de transformer certains entretiens de recrutement en de vrais interrogatoires ! On questionne le candidat, le plus souvent à mi-mots, sur toute une série de sujets d'ordre personnel : nombre et âge des enfants, mode de garde actuel ou envisagé, profession et lieu de travail du conjoint, etc.

Pourquoi toutes ces questions ? Chercherait-on à vérifier la disponibilité physique et psychique des futures recrues ? Pense-t-on pouvoir se prémunir d'un absentéisme qui pourrait potentiellement être dû :

- à des absences pour enfant malade (quand le petit a la grippe) ;
- à des sorties de bureau dans l'urgence (quand le petit s'est fait mal à l'école) ;

» à des journées de télétravail posées « à l'arrache », qui, pense-t-on, vont davantage servir à garder les enfants qu'à travailler (quand les profs du petit font grève) ;

» à un engagement moindre (quand le petit occupe toutes les pensées) ;

» à des horaires fantaisistes de travail (quand on doit accompagner le petit le matin et aller le récupérer le soir) ;

» à des congés parentaux à rallonge ou, pour les messieurs, aux congés paternité.

C'est tout ? Ignore-t-on à ce point que les mamans sont sans doute les êtres les plus organisés au monde ? Les plus capables de générosité ? De bienveillance ? Les plus soucieuses de satisfaire les besoins des autres ? Ne sont-ce pas là des qualités recherchées chez nos collaborateurs ? Il serait presque intéressant de lancer une étude mesurant les bénéfices apportés par les parents au travail !

Le bonheur au travail coûte cher à l'entreprise

FAUX

Si le bonheur au travail fait couler beaucoup d'encre, c'est sans doute parce que le travail fait d'abord référence à la notion de souffrance !

Le saviez-vous ?

Le terme « travail » vient du latin *tripalium*, qui signifie « instrument de torture » en latin. La torture est le premier sens du mot « travail ». Chez Montaigne, travail veut dire « souffrance ». Et la salle de travail, dans les maternités, désigne la salle où les femmes accouchent, souvent dans la douleur...

La langue nous rappelle donc que le travail n'est pas une partie de plaisir ! On comprend mieux pourquoi le lien entre bonheur et travail d'une part, et entre bonheur au travail et productivité d'autre part, a du mal à s'établir.

Les entreprises signent des accords sur la qualité de vie au travail (QVT) parce qu'elles y sont aujourd'hui légalement contraintes. Et aussi parce que leurs concurrents s'y sont mis et qu'elles estiment nécessaire de s'attacher au bien-être pour attirer et retenir la jeune génération.

Certaines organisations font appel aux services d'un *Chief Happiness Officer* (CHO), dont la mission consiste à veiller aux bonnes conditions de travail des salariés. Ou à l'installation d'un baby-foot, voire d'une table de ping-pong, dans les locaux.

De prime abord, le retour sur investissement des sommes investies dans les actions relatives au bien-être au travail ne semble pas forcément établi. Toutefois, quand on met en balance le coût social du stress au travail et de l'absentéisme qui l'accompagne (qui représente chaque année en France plusieurs milliards d'euros), les entreprises auraient économiquement intérêt à investir pour une approche préventive en mettant en place de réelles stratégies de bien-être au travail.

Le saviez-vous ?

De nombreuses études montrent qu'un collaborateur épanoui dans son environnement professionnel est un collaborateur efficace. Une autre étude menée par l'université de Warwick en 2014[113] démontre que le fait d'être heureux augmente la productivité d'environ 12 % ! Les actions liées à la QVT ne seraient donc pas vaines.

Mais, au-delà des initiatives coûteuses que l'on voit aujourd'hui fleurir dans les organisations, je suis convaincue que le levier majeur réside dans le management. Le retour sur investissement d'un « merci », d'un vrai échange basé sur la confiance et la transparence, d'une volonté de développer son équipe, est considérable. Preuve que des petites choses toutes simples, qui semblent relever du bon sens mais qui ne sont malheureusement pas toujours mises en application, peuvent produire de grands effets.

113 Source : HuffPost, mars 2014.

L'organisation, c'est inné. Cela ne s'apprend pas

FAUX

« Je n'ai jamais été organisé, je ne le serai jamais », « L'organisation, ce n'est pas mon truc », « Je ne sais fonctionner que dans le désordre », etc. Ce genre de petites phrases ne vous est certainement pas étranger. D'où viennent ces croyances limitantes ? D'où viennent les freins au changement ? Pourquoi s'interdire de changer pour mieux s'organiser ?

Il est vrai que l'organisation en tant que telle ne s'apprend pas à l'école. Il est vrai aussi que les personnes dont le mode de pensée privilégie l'hémisphère cérébral gauche auront davantage de facilité à anticiper, planifier, structurer, organiser.

Mais on ne naît pas organisé, on le devient. Comme beaucoup de choses, l'organisation, cela s'apprend et cela se travaille. Si tant est qu'on en ait envie ! Alors point de découragement s'il vous arrive d'envier celles et ceux qui arrivent à gérer quinze projets à la fois, à jongler entre les enfants, les hobbies, le travail, les responsabilités associatives, etc. Il ne tient qu'à vous de définir vos vraies priorités, celles qui ont un sens pour vous, et de vous poser pour les mettre en œuvre de façon efficace et posée.

DANS CE CHAPITRE

Des pathologies du travail, abordées sous un jour inédit

•

Des remèdes associés, pour aider les managers à y voir plus clair

Chapitre 17

10 maux des managers débordés

Elles sont nombreuses, les affections managériales ! J'en ai identifié et sélectionné dix. D'expérience, ce sont celles que j'ai vues le plus fréquemment toucher les managers. Heureusement, des remèdes faisant appel au bon sens, au pragmatisme et aux bases du management s'avèrent très efficaces pour les éradiquer !

Amnésie

- » Perte totale ou partielle de la mémoire.
- » Traduction managériale : oubli de penser à soi.

De façon plus ou moins consciente, les managers prennent la mauvaise habitude d'ignorer leurs besoins. Écartelés entre leur propre hiérarchie à laquelle ils doivent rendre des comptes, et une équipe auprès de laquelle ils veulent être présents, une équipe qu'ils soutiennent, développent et dont ils défendent les évaluations. Pris entre le marteau et l'enclume, ces managers ont bien du mal à trouver leur propre place. Pour peu qu'ils supervisent plusieurs domaines de compétences, ils croient devoir être experts dans tous les domaines et redoublent d'énergie pour ne pas être pris en défaut par leurs collaborateurs. Ce faisant, ils perdent de vue la véritable raison d'être de leur rôle dans l'organisation.

Se plier constamment en quatre pour satisfaire des exigences de plus en plus poussées est devenu une norme. On présume de leur disponibilité 24 heures sur 24, 7 jours sur 7. Mais eux, dans tout ça ? Qui sont-ils ? Qu'attend-on d'eux ? Qu'aiment-ils faire ? Au travail et en dehors ? Comment se ressourcent-ils ? Charge mentale bien régulée commençant par soi-même, il est temps qu'enfin, nos managers prennent soin d'eux !

Dyspnée

» **Difficulté à respirer.**

» **Traduction managériale : essoufflement dû à un trop-plein.**

Les managers manquent d'air ! Submergés par les e-mails, réunions à rallonge, déplacements réguliers, coordination d'équipes géographiquement éclatées, demandes incessantes de leur maison mère, etc., ils ne respirent plus. Ajoutez à cela un espace de liberté qui se réduit comme peau de chagrin, le devoir de rester dans le cadre (malgré les injonctions contraires qui leur imposent de raisonner *out of the box*), la nécessité de présenter des indicateurs au vert (peu importe presque le sens qu'ils donnent à cette expression), ils risquent l'asphyxie totale. François-Régis Puyo, chercheur à Audencia, note que plus du tiers du temps de travail d'un cadre consiste à remplir ou discuter de *reportings*[114].

Face à la prédominance du chiffre, quelle place leur reste-t-il pour l'expression de leur créativité ? Si le mois de mars a été moins bon que prévu, il va falloir tout faire pour rattraper la situation sur le mois d'avril. Et parfois, « tout » se traduit par faire « n'importe quoi », au détriment de l'humain.

---

114 Source : « Émancipons les managers de la machine à reporting ! », *HBR France*, 2014.

Trucs et astuces

Pour regonfler ses poumons, le manager va devoir mettre un frein. Identifier ce sur quoi il n'accepte pas de négocier, et exprimer sa position. Se recentrer sur ce qui est au cœur de sa vocation de manager, en allant sur le terrain et en organisant des activités de proximité avec son équipe.

S'il perd le contact humain, un décalage se créera avec ses collaborateurs et il y a fort à parier qu'il apparaîtra très vite aussi obsolète qu'un Minitel !

Boulimie

» **Faim excessive, pathologique.**

» **Traduction managériale : impression de ne jamais être rassasié et besoin de « toujours plus ».**

Les managers sont comme des locomotives lancées à vive allure : incapables de mettre le frein, jusqu'à ce que la machine finisse par dérailler... Hommes et femmes de paradoxes, ils déplorent de mener une vie à cent à l'heure, se disent épuisés, mais continuent d'appuyer sur l'accélérateur. Ils soufflent haut et fort leur ras-le-bol sans demander l'aide de personne. Ils se plaignent d'avoir une coupe qui déborde, mais continuent à absorber. Ils associent de façon assez incroyable une formidable aptitude à tirer sur la corde et une incapacité à tirer la sonnette d'alarme. Phénomène étrange, que cette boulimie managériale... Encore plus étrange quand on la replace dans un contexte plus global d'amaigrissement des structures !

Trucs et astuces

Les managers devraient donner l'exemple et commencer par se nourrir autrement. Rééquilibrer leurs habitudes « alimentaires » : trouver (ou renouer avec) des sources de plaisir autres, prendre le temps de respirer et, surtout, continuer d'inspirer leurs équipes. N'est-ce pas plutôt là qu'on les attend ?

Fièvre

» Élévation anormale de la température du corps.

» Traduction managériale : agitation et fébrilité liées aux urgences à gérer.

« Agitation aiguë du corps et de l'esprit » : voilà le diagnostic qui pourrait être posé sur bon nombre de nos managers. Il est vrai que la fonction managériale s'accompagne souvent d'une augmentation de la charge de travail. Tout va vite. Très vite, même. La volonté de bien faire est bafouée par la nécessité de travailler dans l'urgence.

En bon père de famille, le manager a à cœur d'honorer ses engagements vis-à-vis de son équipe. Il ne veut pas décevoir ses collaborateurs. Résultat ? Il est en permanence sur le pont, prêt à donner un avis sur un dossier ou trancher un litige avec un client. Il se voit comme celui ou celle susceptible d'avoir une solution à tout. C'est peut-être gratifiant, de penser qu'on ne peut se passer de vous, mais en attendant, vous tirez la langue et avez la tête dans le guidon…

Constamment sur le qui-vive, vous faites monter la pression. Votre rythme cardiaque s'accélère. En cas de stress, vos mains deviennent froides et moites tandis que vous avez chaud… Une espèce de fièvre monte en vous, rendant vos gestes moins assurés. En termes d'exemplarité, il y a mieux !

Exercice

Pensez à relever la tête de temps en temps et posez des limites :

» Arrêtez de répondre à toutes les sollicitations.

» Prenez les dossiers où vous apportez une valeur ajoutée, déléguez les autres.

» Accordez-vous des moments où vous laissez l'opérationnel et les urgences de côté pour vous concentrer sur ce qui est réellement important.

Ce petit exercice managérial devrait vous aider à canaliser la surchauffe !

Insuffisance cardiaque

- **Difficulté du muscle cardiaque à assurer correctement la propulsion du sang dans l'organisme.**
- **Traduction managériale : assèchement du cœur des managers.**

Représentez-vous un manager lambda : il a une tête, un cœur, un corps. Mais, en réalité, pris dans l'engrenage du monde du « combien », les managers peuvent rapidement devenir des monstres froids. Des monstres financiers guidés par une logique davantage comptable qu'humaine. Il est très facile, trop facile, même, de compter ! Compter détourne les managers de leur rôle. Les chiffres sont importants, certes, mais celui qui ne regarde que son bilan comptable passe inévitablement à côté des éléments les plus cruciaux. Compter finit par assécher le cœur. Finalement, le manager demeure avec sa tête (il passe ses journées à réfléchir à la façon dont il va gérer au mieux), son corps (ou, devrais-je dire, ses jambes, car il passe le plus clair de son temps à courir dans tous les sens ou à sillonner le monde), mais avec un cœur atrophié.

À retenir

Le manager ne pourra regonfler son cœur qu'au contact de son équipe. Un contact de proximité, avec des échanges vrais, fondés sur la bienveillance et le respect des valeurs humaines.

Constipation (cérébrale)

- **Rétention des excréments.**
- **Traduction managériale : surcontrôle et rétention d'informations.**

On ne les refera pas, les managers aiment bien contrôler. Ils sont bourrés de compétences et de qualités, mais ce ne sont pas les champions du lâcher-prise ! « La confiance n'exclut pas le contrôle », se plaisent-ils à répéter à leurs collaborateurs. Leur désir de vérification est d'autant plus présent que, avant d'être managers, ils ont souvent été experts dans leur domaine. Un domaine qu'ils maîtrisaient à la perfection. Et maintenant qu'ils ont des responsabilités managériales, ils ont l'impression que les choses leur échappent. Pour faire face à cette situation, ils tentent de contrôler au maximum les tâches opérationnelles de leurs collaborateurs, ce qui leur occasionne au passage une charge de travail considérable.

Trucs et astuces

Les secrets pour se sortir de cette situation ?

- **Laisser aller. Comme le note Christophe André, quand on lâche prise, « on découvre [...] que toute une partie des problèmes disparaît d'elle-même. Et que ce qui reste paraît plus simple à changer[115] ».**
- **Ensuite, déléguer, bien sûr !**
- **Enfin, avoir confiance dans son équipe.**

Les managers ont également souvent tendance à pratiquer la rétention d'informations, soit volontairement (par peur de perdre du pouvoir), soit involontairement (par manque de temps, ou bien parce qu'ils ne se rendent plus compte qu'ils ont en magasin tout un tas de savoirs et savoir-faire qu'ils ne pensent même plus à transmettre). Ce faisant, ils passent à côté de leur rôle de manager-coach. Or, comment prétendre développer des individus quand on ne prend pas le temps de leur montrer le chemin ?

Troubles musculosquelettiques (TMS)

- **Affections touchant les structures situées à la périphérie des articulations : muscles, tendons, nerfs, ligaments...**
- **Traduction managériale : les TMS eux-mêmes, justement...**

Le saviez-vous ?

En presque vingt ans, les TMS ont augmenté de 60 %, représentant aujourd'hui plus de 87 % des maladies professionnelles ayant entraîné un arrêt de travail ou une réparation financière[116].

---

115 Ch. André, *Imparfaits, libres et heureux*, *op. cit.*, p. 82.

116 Source : Ameli, « Comprendre les troubles musculo-squelettiques », novembre 2019.

Les TMS les plus courants[117] sont les lombalgies (douleurs dans le bas du dos), les cervicalgies (douleurs au niveau du cou), le syndrome du canal carpien au poignet et l'inflammation des tendons au coude.

C'est une pathologie qui touche certes les managers, mais pas uniquement. Si les TMS ont des causes multiples, « l'activité professionnelle joue un rôle majeur dans leur survenue[118] ». Raison pour laquelle les TMS sont aujourd'hui inscrits au tableau des maladies professionnelles.

En cause, les facteurs biomécaniques et environnementaux, mais aussi les contraintes qualifiées de « psycho-sociales » (l'insatisfaction d'un travail monotone, la tension engendrée par des délais serrés à respecter, le manque de reconnaissance professionnelle, des relations sociales détériorées...) et organisationnelles (rythme de travail, horaires, contenu du travail, temps de récupération insuffisant...). Nous touchons là au cœur de notre sujet.

Managers, pensez-y : une bonne organisation et un climat serein régaleront vos muscles !

Apathie

» **Incapacité à réagir.**

» **Traduction managériale : manque d'énergie et d'intérêt dans le travail.**

Comme tout collaborateur, un manager débordé finit par manquer d'énergie. En effet, quand le travail s'accumule, il déploie une énergie débordante pour pouvoir absorber. Sa propre hiérarchie oublie de le remercier ? Qu'à cela ne tienne, il continue d'avancer sans broncher.

117 *Ibid.*
118 *Ibid.*

À retenir

Tout décalage entre la perception de sa contribution pour l'entreprise et la rétribution reçue (sous quelque forme que ce soit) engendre pour le collaborateur une baisse de motivation et, finalement, une perte de sens : « À quoi bon ? » se lamente alors le manager désabusé...

À la phase d'agitation succède inévitablement un stade de désillusion puis d'apathie, qui peut même aller jusqu'au désengagement, voire au départ de l'entreprise.

Le terme ayant été employé au siècle dernier pour qualifier l'attitude des soldats au retour de la Première Guerre mondiale (ces derniers ayant perdu tout intérêt pour la vie civile), l'apathie, ou état d'indifférence générale, a des conséquences négatives sur la réactivité émotionnelle, la motivation, l'initiative et l'enthousiasme.

Trucs et astuces

Que faire lorsque toute activité vous laisse de marbre et que vous n'avez plus goût à rien ? Procédez à un *wash-out* ! Pour ce faire, je vous suggère de vous reporter au chapitre 4.

Stress

- » **Situation de tension nerveuse excessive.**
- » **Traduction managériale : perception d'un déséquilibre entre les ressources mobilisables et les contraintes imposées.**

Lorsque le déséquilibre perdure, le stress devient un facteur de risque pour la santé. Occasionné par une mauvaise organisation du travail ou un contexte socioéconomique peu favorable, le stress au travail touche toutes les strates de l'entreprise, comme en témoigne la 19e édition du baromètre sur le climat social et la qualité de vie au travail publiée par l'organisme de formation professionnelle Cegos.

Le saviez-vous ?

L'enquête a été menée auprès de 700 salariés, dont 250 managers et 165 directeurs. Elle indique que près d'un tiers des cadres (66 %) disent subir dans leur travail un stress régulier, lequel se traduit pour 65 % des managers par un effet négatif sur leur santé. Les principaux facteurs de stress sont la pression exercée par l'autorité, la surcharge de travail et le sentiment d'isolement.

Mais c'est certainement dans la population de managers et de cadres dirigeants que le phénomène est le plus inquiétant, parce que les cadres se taisent, comme l'explique Denis Monneuse dans son ouvrage *Le Silence des cadres*[119]. Difficile, donc, de le diagnostiquer. Surtout quand on prône le dialogue ouvert mais que, en réalité, on leur laisse très peu d'occasions de discuter.

Et tout manager stressé est forcément stressant pour son équipe. Il est donc temps d'agir, au niveau individuel, mais aussi collectif. En effet, on a encore trop tendance à voir dans le stress au travail, et dans sa phase la plus aboutie, le burn-out, une déficience de nature individuelle... Une faiblesse. Il n'en est rien ! Il est possible d'agir avant qu'il ne soit trop tard.

Trucs et astuces

Le plan d'attaque ? Bien gérer son temps, prendre du recul à bon escient, retrouver un bon niveau de confiance en soi et savoir faire appel à des soutiens (internes ou externes à l'entreprise) en cas de besoin.

N'oubliez pas : un manager zen est capable de reconnaître qu'il a des limites !

Schizophrénie

- **Psychose caractérisée par une division de la personnalité et une perte du contact avec la réalité.**
- **Traduction managériale : perte de repères liée à la multiplication d'injonctions paradoxales.**

Les managers, eux aussi, critiquent la façon dont ils sont managés ! Au banc des accusés, la dissémination d'injonctions dites « paradoxales ». Chaque jour qui passe, elles sévissent dans les entreprises. De quoi s'agit-il exactement ?

119 D. Monneuse, *Le Silence des cadres*, Éditions Vuibert, 2014.

Le saviez-vous ?

Recevoir une injonction paradoxale revient à subir une double contrainte contradictoire, c'est-à-dire deux contraintes ou pressions incompatibles. Par exemple, « Sois spontané ! » est une injonction paradoxale. « Fais vite, mais pas trop » en est une autre. Il en est de même lorsqu'on vous demande de prendre des risques et que, parallèlement, toute erreur est sanctionnée. Ou qu'on vous impose à la fois d'être créatif et conforme aux standards. Le donneur d'ordres contradictoires demande de faire tout et son contraire.

Cette théorie de l'injonction paradoxale, bien connue des manipulateurs, a été proposée en 1956 au sein de l'école de Palo Alto, comme cause ou facteur de la schizophrénie[120]. Celui qui la pratique tient en effet son interlocuteur prisonnier de la situation, en prise avec un problème insoluble lui procurant des troubles et des souffrances psychologiques. Soit l'injonction est donnée volontairement, soit elle l'est de façon tout à fait involontaire par celles et ceux qui ignorent les réalités du terrain et demandent de réaliser l'impossible. Dans tous les cas, la victime ne sait plus sur quel pied danser. Elle ne se sent jamais à la hauteur et perd ses repères.

Trucs et astuces

Comment tenter en permanence de concilier l'inconciliable sans devenir complètement marteau ? Se dégager de l'emprise du paradoxe en se désinvestissant psychiquement, prendre de la hauteur sur le paradoxe, l'analyser, le décortiquer et trouver des solutions... sans soumission !

120 G. Bateson, D. D. Jackson, J. Haley, J. Weakland, « Towards a Theory of Schizophrenia », *Behavioral Science*, vol. 1, 1956, p. 251-254.

DANS CE CHAPITRE

Identifier et comprendre les raisons du surmenage

•

Prendre la mesure des facteurs externes et internes sur lesquels agir pour retrouver sérénité au travail

Chapitre 18
10 raisons du débordement

De façon tout à fait paradoxale, on « déborde » par manque. Un peu comme si nous étions trop pleins à force d'être vides. Certaines de nos lacunes concourent en effet à installer dans notre esprit la perception d'un sentiment de surmenage. Je vous propose de passer en revue ces dix composantes, observées d'expérience auprès des collaborateurs en situation de travail.

Manque d'organisation

Nous voici au cœur de la thématique principale de ce livre ! L'organisation, vous l'aurez compris, représente LE point incontournable sur lequel vous ne pouvez faire l'impasse, sous peine de couler définitivement sous une profusion d'informations, une accumulation de responsabilités ou un enchaînement infernal de tâches à accomplir.

Je vous recommanderais donc de revenir régulièrement aux trucs et astuces, exercices et questionnaires qui jalonnent cet ouvrage.

Manque de contrôle

On prétend qu'à vouloir tout canaliser en permanence, on finit par ne plus rien contrôler du tout. Un peu comme avec un microscope : à force de le régler pour gagner en précision, tout devient flou. Il est temps d'accepter de baisser notre niveau de vigilance ! Attention toutefois à positionner correctement votre curseur : l'objectif ne consiste pas à tout laisser partir à vau-l'eau, mais il s'agit de bien distinguer ce qui relève du contrôle et de l'hyper-contrôle. En effet, lorsque nous renonçons totalement à la notion de contrôle, nous nous trouvons désemparés pour faire face aux nombreuses sollicitations qui nous assaillent. Reprendre le contrôle, c'est aussi, quelque part, reprendre la maîtrise des choses. Et canaliser les sollicitations externes.

Manque de maîtrise

Dans notre vie professionnelle, quelle que soit la nature du risque ou du changement qui s'annonce, nous avons toujours la possibilité de reprendre une part, même modeste, de contrôle sur les événements. Même ceux sur lesquels nous pensons n'avoir *a priori* que très peu d'emprise, voire aucune (par exemple, les conditions drastiques de nos fournisseurs, le mauvais caractère de notre voisin de bureau, le temps qui passe, le résultat des dernières élections professionnelles, etc.). Pourtant, nul besoin d'être doté de super-pouvoirs : nous portons tous en nous la capacité d'accepter ces événements, de les voir sous un angle de vue plus positif, de développer une certaine capacité de résilience et d'influer sur leurs conséquences. Question d'état d'esprit, là encore...

Manque de décision

« Choisir, c'est renoncer », se plaît-on à rappeler dans les organisations. Pourquoi hésitons-nous à choisir ? Par peur de nous tromper ? De perdre une alternative qui nous paraissait finalement pas si mauvaise que cela ? De décevoir ? Ou bien avons-nous la flemme de réfléchir aux avantages et aux inconvénients des différentes options qui s'offrent à nous ? De crainte d'être poussés dans nos retranchements, nous préférons dire oui à tout plutôt que de pencher dans un sens ou dans l'autre. Et plutôt que de prendre notre organisation à bras-le-corps, nous préférons parfois tomber dans le surmenage, qui peut aussi représenter une formidable solution de facilité !

Manque de compétences

Qui ne maîtrise pas son sujet perd du temps, de l'efficacité et de la confiance. Pour sauver les apparences, la personne met bien souvent un masque, feignant de savoir quand elle ne sait pas. Elle fait tout pour masquer son incompétence. Mais là où ses collègues mettent dix minutes pour boucler un dossier, elle va en mettre le triple (parfois dans le meilleur des cas...) pour arriver au même résultat. Un bon conseil : n'ayez aucune crainte d'avouer que vous ne savez pas faire et que vous avez besoin du support de votre responsable. Dites-vous que les managers n'aiment pas les collaborateurs péremptoires, qui se prennent pour des *supermen* ou des *wonderwomen*, qui ont tout vu et qui se targuent de tout connaître. Vous aurez parfois tout intérêt à jouer profil bas, sans craindre de faire part de vos faiblesses, de vos doutes et de vos incertitudes (mais en veillant à mettre systématiquement en avant les moyens d'y faire face).

Manque d'énergie positive

« L'énergie. C'est 75 % de la réussite. Si vous n'en avez pas, soyez sympa[121]. »

Le surmenage, c'est comme l'hygiène alimentaire : nous savons pertinemment que nous devons équilibrer nos repas et boire au moins deux litres d'eau par jour. Mais nous ne le faisons pas. De même, nous savons qu'il serait bon de mettre la pédale douce, mais nous continuons d'appuyer sur l'accélérateur. Sans doute, au fond, parce que nous tirons des bénéfices secondaires à être

121 P. Arden, *Vous pouvez être ce que vous voulez être*, *op. cit.*, p. 24.

débordés (le fait de nous faire plaindre, de jouer le rôle de victime...). Ou bien peut-être n'avons-nous pas l'énergie suffisante pour passer à l'action ?

Pris dans cette spirale d'apathie et de résignation, nous finissons par voir les opportunités professionnelles nous passer sous le nez. Nos collègues se voient confier les dossiers les plus intéressants, tandis que nous œuvrons d'arrache-pied dans l'ombre plutôt que de briller devant les bonnes personnes. Qu'attendons-nous pour reprendre du poil de la bête ?

Manque de limites

Reprenons appui sur la définition de la charge mentale, qui correspond à l'empiètement de plusieurs sphères ou de plusieurs activités les unes sur les autres. Le débordement naît de la non-étanchéité entre ces différentes composantes. Par exemple, alors que l'on s'esquinte les yeux sur un fichier Excel, le téléphone sonne, c'est un client important au bout du fil.

Autre exemple, qui marque cette fois-ci l'empiètement de la sphère privée sur la sphère professionnelle : en pleine réunion de service, vous vous souvenez qu'il vous faut impérativement aller acheter du jus de fruits pour le petit-déjeuner des enfants le lendemain matin. Et si vous posiez des frontières entre toutes ces pensées ? Entre toutes ces activités ?

Exercice

Voici un petit exercice que je propose dans mon livre *Se libérer de la charge mentale. Une semaine pour guérir du syndrome de Rosita*[122].

---

122 L. Bourgeois, *Se libérer de la charge mentale*, *op. cit.*, p. 33.

Tracez trois axes verticaux et trois axes horizontaux, comme sur le schéma ci-après :

Figure 18-1

Vie professionnelle et vie personnelle

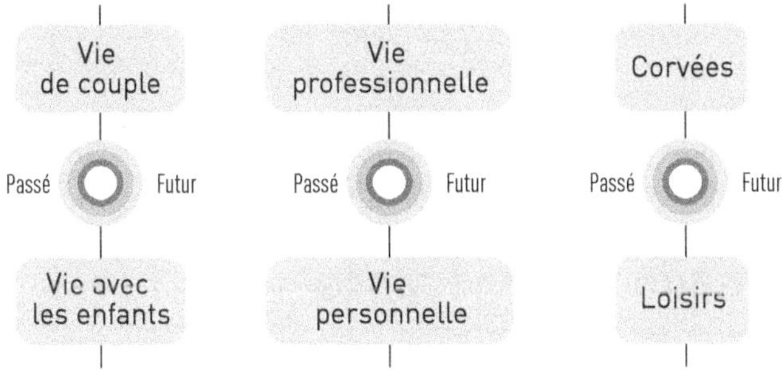

- **Efforcez-vous de vous concentrer uniquement sur le présent.**
- **Déterminez exactement ce qui relève de quoi : dans la mesure du possible, isolez vos pensées et vos actes et exploitez-les séparément, surtout s'ils sont susceptibles d'entrer en conflit.**
- **Faites en sorte que les pensées qui sont rangées dans un tiroir ne soient pas contaminées par celles qui se trouvent dans le tiroir voisin.**

Manque d'assurance

Quand nous appréhendons l'idée de ne pas arriver à mener à bien une mission en temps et en heure, soit nous nous enfonçons dans la spirale de l'angoisse, en essayant tant bien que mal de surfer sur la vague, soit nous cherchons à écraser les autres en adoptant une attitude défensive et en leur rejetant la responsabilité de la non-atteinte de notre objectif. Dans tous les cas, ces attitudes sont révélatrices d'un manque d'assurance. Ne craignez pas de vous entourer des bons supports : on n'arrive que très rarement à sortir seul la tête de l'eau. Surtout quand nos esprits s'encombrent de ruminations. Et si nous remettions le positif et le collectif au cœur du débat ?

Manque d'impact

Le constat est flagrant : nous nous évertuons à régler quinze sujets à la fois, pensant accroître notre productivité par plus d'activité. Mais comme nous l'avons expliqué dans les chapitres précédents, toute optimisation passe par la réduction. Ou, plus exactement, par l'identification d'activités ayant un impact fort sur nos objectifs de long terme. Par ailleurs, il convient de se défocaliser des micro-tâches pour se centrer sur les activités à fort impact. Faire moins, mais mieux, tel pourrait être votre nouveau mantra !

Manque de cohérence

Comme nous l'avons mentionné précédemment, les personnes en proie au débordement sont extrêmement paradoxales. Elles brûlent d'envie de crier à toute l'organisation leur ras-le-bol, mais continuent de répondre au doigt et à l'œil à toutes les demandes. Elles savent extrêmement bien tirer sur la corde (jusqu'à atteindre parfois le point de *too much*), mais quand il s'agit de tirer la sonnette d'alarme auprès de leur hiérarchie, il n'y a plus personne ! Elles se plaignent de devoir tout gérer, mais hésitent à demander du soutien. La liste de leurs paradoxes est longue.

Un peu de cohérence, et, devrais-je dire, de congruence s'impose ! La congruence, c'est le fait d'être en harmonie avec soi-même. De ne pas dire que vous allez bien avec une tête de six pieds de long, par exemple. La congruence s'exprime quand ce qui se vit à l'intérieur se voit à l'extérieur, dans un parfait alignement.

DANS CE CHAPITRE

Bien fixer ses objectifs

•

Gagner en efficacité

•

Jouer sur l'anticipation

•

Et bien d'autres choses encore !

Chapitre 19

10 actions à entreprendre dans mon journal de bord

Nous arrivons au terme de ce livre et j'espère que vous avez pioché au cours de votre lecture des trucs et astuces qui vous ont semblé pertinents pour améliorer votre organisation au travail et ainsi gagner en zénitude. En tout cas, c'était mon objectif !

Si l'envie de changer vos façons de faire vous tient toujours autant à cœur, je vous propose à présent de passer un contrat avec vous-même. Un contrat d'auto-coaching, en quelque sorte. Pour cela, je vous suggère de consigner plusieurs points par écrit.

Mon objectif n'est pas de vous fournir un énième tableau d'indicateurs à suivre, je suppose que vous en avez suffisamment comme cela.

Questionnaire

Installez-vous confortablement, et imaginez... Imaginez que vous êtes votre propre entreprise.

Selon vous, quel serait son objectif ultime (par exemple, créer de la richesse, satisfaire ses actionnaires, mettre sur le marché des produits innovants...) ?

____

____

Et vous, si vous deviez ne poursuivre qu'un seul objectif, quel serait-il ?

____

____

Je ne cherche pas à vous influencer d'une quelconque manière, mais lorsque j'ai récemment posé la question sur les réseaux sociaux, plus de 80 % des personnes ont répondu « le bonheur »... Quelle que soit votre réponse, cherchez à présent à savoir :

» comment atteindre et maintenir cet objectif ;

» quelles premières actions vous allez entreprendre.

Vous allez vous rendre compte qu'une multitude d'éléments entrent en ligne de compte dans l'atteinte de votre but : votre travail, certes, mais aussi votre famille, vos amis... Réfléchissez donc le plus globalement possible. En reprenant appui sur les différentes thématiques que nous avons abordées tout au long de cet ouvrage, élaborez votre contrat hebdomadaire, pour atteindre l'objectif professionnel que vous venez de vous fixer.

Piochez des pistes de travail ou de réflexion où bon vous semble, indiquez par une croix les jours de la semaine où vous comptez mettre en place telle ou telle action, ou se développer tel ou tel comportement.

Mes 10 piliers	Mes sous-objectifs	Lundi	Mardi	Mercredi	Jeudi	Vendredi	Week-end
Améliorer mon organisation	Éliminer une tâche superflue						
	Définir mes priorités journalières						
	Alléger ma *to-do list*						
	Simplifier une action quotidienne						

Mes 10 piliers	Mes sous-objectifs	Lundi	Mardi	Mercredi	Jeudi	Vendredi	Week-end
Bien fixer mes objectifs	Définir mon horizon (objectif de long terme)						
	Rendre mes objectifs plus SMART						
	Découper mes actions en sous-objectifs						

Mes 10 piliers	Mes sous-objectifs	Lundi	Mardi	Mercredi	Jeudi	Vendredi	Week-end
Limiter mon flux d'informations	Couper une source d'informations						
	Faire une chose après l'autre						
	Relativiser mes urgences						
	Imposer mon propre tempo						
	Prendre 10 minutes pour faire le silence en moi						

Mes 10 piliers	Mes sous-objectifs	Lundi	Mardi	Mercredi	Jeudi	Vendredi	Week-end
Optimiser la gestion de mon agenda	Définir mes vraies priorités						
	Éliminer 3 activités superflues par semaine						
	Créer des répertoires pertinents						

Mes 10 piliers	Mes sous-objectifs	Lundi	Mardi	Mercredi	Jeudi	Vendredi	Week-end
Gagner en efficacité	Définir le retour sur investissement d'une de mes actions quotidiennes						
	Capitaliser sur un de mes atouts						
	Balayer une de mes croyances limitantes						
	Instaurer une nouvelle habitude						

Mes 10 piliers	Mes sous-objectifs	Lundi	Mardi	Mercredi	Jeudi	Vendredi	Week-end
Optimiser ma prise de décisions	Identifier une situation de négociation ou de compromis						
	Identifier mes gains potentiels						
	Assumer une décision que je ne soutiens pas forcément						

Mes 10 piliers	Mes sous-objectifs	Lundi	Mardi	Mercredi	Jeudi	Vendredi	Week-end
Capitaliser sur mes échecs	Faire un arrêt sur image						
	Tirer une leçon d'un de mes échecs						
	Mettre en place des mesures correctrices						

Mes 10 piliers	Mes sous-objectifs	Lundi	Mardi	Mercredi	Jeudi	Vendredi	Week-end
Jouer sur l'anticipation	Pour une situation à enjeux, identifier une alternative						
	Me lancer dans une action que je reporte						
	Définir mes priorités de la semaine						

Mes 10 piliers	Mes sous-objectifs	Lundi	Mardi	Mercredi	Jeudi	Vendredi	Week-end
Gagner en zénitude	Faire 10 minutes de respiration profonde						
	Relativiser une situation						
	Faire un « *pit stop* »						
	Lâcher prise sur une action/situation						

Mes 10 piliers	Mes sous-objectifs	Lundi	Mardi	Mercredi	Jeudi	Vendredi	Week-end
	Transformer une pensée négative en pensée positive						
Changer d'état d'esprit	Relativiser chaque jour 5 détails qui « clochent »						
	Appliquer mon nouveau mantra						

Bibliographie

André, C., *Imparfaits, libres et heureux. Pratiques de l'estime de soi*, Éditions Odile Jacob, 2006

André, C., Muzo, *Je résiste aux personnalités toxiques (et autres casse-pieds)*, Éditions du Seuil, 2007

Arden, P., *Vous pouvez être ce que vous voulez être*, Éditions Phaidon, 2004

Ballonad Rolland, D., *SOS charge mentale. J'allège mon quotidien !* Éditions Larousse, collection « Petit carnet bien-être », 2019

Bélorgey, P., *La Boîte à outils de la gestion du temps*, Éditions Dunod, 2019

Ben-Shahar, T., *Choisir sa vie. Apprendre à saisir sa chance*, Éditions Belfond, 2012

La Bible pour bien gérer son temps, ouvrage collectif, ESF Éditeur, collection « L'essentiel du management », 2016

Bourgeois, L., *Se libérer de la charge mentale. Une semaine pour guérir du syndrome de Rosita*, Éditions Eyrolles, 2018

Bourgeois, L., *Les Gens heureux ont toujours un plan B*, Éditions Larousse, 2018

Bourgeois, L., *13 trucs infaillibles pour être bien vu en entreprise. Souriez, vous êtes évalué !* Éditions Eyrolles, 2013

L'essentiel du management, « *La bible pour bien gérer son temps* », ouvrage collectif, ESF Éditeur, 2016

Covey, S. R., *Les 7 habitudes de ceux qui réalisent tout ce qu'ils entreprennent*, First Éditions, 2005

Crabbe, T., *Plus jamais débordé !* Ixelles Éditions, 2014

Dyer, W. W., *Ne vous laissez plus faire ! 10 leçons pour s'affirmer*, Éditions J'ai lu, collection « Bien-être », 1984 (pour l'édition française)

Duhigg, Ch., *Le Pouvoir des habitudes. Changer un rien pour tout changer*, Éditions Flammarion, 2016

Gabilliet, Ph., *Éloge de l'optimisme*, Éditions Saint-Simon, 2010

Gougeon, H., *Un bourdon sur les chemins de la réussite*, Éditions du Bourdon, 2014

Gueniat, J., *2h chrono pour mieux m'organiser*, Éditions Dunod, 2017

Haddou, M., *Halte au surmenage*, Éditions Flammarion, 2001

Hoffman, R., Casnocha, B., *Manager votre carrière comme une start-up*, Éditions Leduc.s, 2013

James, M., Jongeward, D., *Naître gagnant*, InterÉditions, 2000

Lagarde, L., *La Boîte à outils du développement personnel en entreprise*, Éditions Dunod, 2014

Lenoir, F., *Petit traité de vie intérieure*, Éditions Plon, 2010

Williams, M. T., *Respirer. Pourquoi le bien-être est la clé de l'efficacité*, Éditions Pyramyd, 2019

Index

D

E

F

G

H

I

J

K

L

Q

R

S

T

U

V

W

Z